Nietzsche

FUNDAÇÃO EDITORA DA UNESP

Presidente do Conselho Curador
Mário Sérgio Vasconcelos

Diretor-Presidente
Jézio Hernani Bomfim Gutierre

Superintendente Administrativo e Financeiro
William de Souza Agostinho

Conselho Editorial Acadêmico
Danilo Rothberg
Luis Fernando Ayerbe
Marcelo Takeshi Yamashita
Maria Cristina Pereira Lima
Milton Terumitsu Sogabe
Newton La Scala Júnior
Pedro Angelo Pagni
Renata Junqueira de Souza
Sandra Aparecida Ferreira
Valéria dos Santos Guimarães

Editores-Adjuntos
Anderson Nobara
Leandro Rodrigues

Pierre Montebello

Nietzsche
O mundo da Terra

Tradução
Fabio Stieltjes Yasoshima

editora
unesp

© 2019 CNRS Editions, Paris
© 2021 Editora Unesp

Título original: *Nietzsche, le monde de la terre*

Direitos de publicação reservados à:
Fundação Editora da Unesp (FEU)
Praça da Sé, 108
01001-900 – São Paulo – SP
Tel.: (0xx11) 3242-7171
Fax: (0xx11) 3242-7172
www.editoraunesp.com.br
www.livrariaunesp.com.br
atendimento.editora@unesp.br

Dados Internacionais de Catalogação na Publicação (CIP) de acordo com ISBD
Elaborado por Vagner Rodolfo da Silva – CRB-8/9410

M773m   Montebello, Pierre

             Nietzsche – O mundo da Terra / Pierre Montebello; traduzido por Fabio Stieltjes Yasoshima. – São Paulo: Editora Unesp, 2021.

             Tradução de: *Nietzsche, le monde de la terre*
             Inclui bibliografia.
             ISBN: 978-65-5711-079-9

             1. Filosofia. 2. Metafísica. 3. Nietzsche. I. Yasoshima, Fabio Stieltjes. II. Título.

2021-3088   CDD 100
                                                                                       CDU 1

Editora afiliada:

Sumário

O problema do realismo 7
O que é real? 12
Um único real: o vir a ser 34
O sentido vital do real 45
O fim da verdade-adequação 60
A crença como verdade 71
O mundo metafísico 86
O niilismo ou o desastre do mundo 96
A psicologia do niilismo 110
A antiterra 122
Genealogia das forças 136
A guerra dos mundos 143
O único mundo do pessimismo da força 154
A Terra não pode ser julgada 170

Referências bibliográficas 189

O problema do realismo[1]

Qual é a natureza do realismo de Nietzsche? Como a Terra se tornou, na obra desse filósofo, o novo objeto metafísico, e mesmo o único objeto metafísico? Os cadernos sobre a vontade de poder, escritos em um breve período, desempenham um papel considerável na reelaboração do pensamento nietzschiano. Com efeito, entre o outono de 1887 e março de 1888, Nietzsche numera 372 fragmentos em cadernos, para redigir seu grande livro sobre a *Vontade de poder*.[2] Sabemos que esse projeto foi abandonado durante o verão de 1888 (o último esboço sobre a vontade de poder data de 26 de agosto de 1888; Nietzsche indica o abandono do projeto no dia 30 de agosto de 1888).[3] Várias edições da *Vontade de poder* aparecem em 1901,

---

1 Esta parte é inteiramente original.

2 Ver a apresentação redigida pelos editores na edição da Gallimard (Paris, 1976).

3 XIV, 18 (17). (N.T.: Nas notas que seguem esse formato, os algarismos romanos indicam o tomo da tradução francesa das "Obras filosóficas completas"

PIERRE MONTEBELLO

1906, 1917, 1930, 1935; mas são agrupamentos muito arbitrários de "aforismos" em quantidades variáveis. A edição francesa de 1935, cujo título equívoco é *La Volonté de puissance* [*A vontade de poder*] (por Friedrich Würzbach), compila 2.393 aforismos e alega corresponder às intenções de Nietzsche. Essa edição, que foi a mais difundida e a mais citada na França, como lembra Mazzino Montinari, contém um volume muito grande de imprecisões, de erros de transcrição, de desmembramentos de fragmentos, de supressões, de lacunas. Em especial, por meio de um arranjo absurdo, ela associa sob diversas rubricas fragmentos que abrangem o período de 1870 a 1888, sem consideração alguma pela cronologia e pelo desenvolvimento do pensamento nietzschiano (de 1870 até 1877, a expressão "vontade de poder" inexiste, sem falar do conceito de vontade de poder, construído e elaborado a partir de 1883).[4]

Hoje dispomos dos cadernos sobre a *Vontade de poder* na forma anotada e numerada pelo próprio Nietzsche. O longo período

---

de Nietzsche, ao passo que os algarismos arábicos se referem à numeração empregada para organizar os cadernos que compõem os chamados *Fragmentos póstumos* do filósofo. Ver Friedrich Nietzsche, *Fragments posthumes (début 1888-début janvier 1889)*. In: *Œuvres philosophiques complètes*. t.XIV. Trad. Jean-Claude Hémery. Paris: Gallimard, 1977. Nas demais referências às obras de Nietzsche, o uso dos algarismos romanos também observa o mesmo padrão, ao indicar o volume das *Œuvres philosophiques complètes*, seguido do título e, por vezes, do parágrafo do livro citado. Nos casos em que a nota traz apenas um título, sem o nome do autor, refere-se a uma obra de Nietzsche.)

4 Mazzino Montinari, *La Volonté de puissance n'existe pas*, p.131. A expressão "vontade de poder" surge em 1877, X, 23 (63); nos anos seguintes – a partir de 1883 –, o conceito será elaborado de modo mais detido.

NIETZSCHE – O MUNDO DA TERRA

dedicado a dar forma a esse projeto (desde 1885, Nietzsche tinha em vista um livro sobre a vontade de poder, quando escreveu seu primeiro esboço) é o suficiente para evidenciar sua importância.[5] Embora não possamos descolar esse projeto de linhas de pensamentos anteriores, deparamo-nos com uma mudança profunda de seu pensamento. Com esse projeto, o que emerge é outra "concepção do mundo" (expressão frequentemente utilizada, mas as aspas são indispensáveis a princípio, pois um mundo não é uma questão de *concepção*, de representação, ele exprime relações de poder entre forças), uma nova interrogação sobre o que doravante devemos entender por mundo. Um "outro mundo", sustentado pela Terra, desenha-se no horizonte. Mundo dionisíaco, mundo da vontade de poder.

Em todo caso, deve-se examinar o fato de que, nesse momento e nesse projeto, uma parte considerável da interrogação de Nietzsche esteja voltada na direção do que chamamos de "mundo real" ou Terra. Em nossa época, na qual se invoca incessantemente um novo realismo, como ignorar a forma que esse poderoso realismo assumiu naquele momento? É evidente que os fragmentos sobre a vontade de poder examinam o que se entende por "mundo real" com muita acuidade, como se decifrar a história do conceito de mundo sob todas as suas formas tivesse se tornado um imperativo maior. Como se a noção de "mundo" tivesse de ser urgentemente reexaminada. A extraordinária frequência e variação do conceito de mundo nesses cadernos

---

5 XII, 39 (1).

jamais foi notada; contudo, ela é absolutamente fundamental ("mundo aparente", "mundo lógico", "mundo verdadeiro", "mundo real", "mundo fictício", "mundo estável", "mundo daquilo que permanece", "mundo daquilo que é", "mundo daquilo que deve ser", "mundo existente", "mundo do vir a ser", "o único mundo", "outro mundo" etc.). Ela indica que desenredar as ramificações desse conceito fundamental no dispositivo filosófico tornou-se uma aposta fundamental para Nietzsche.

O que o conceito de mundo compreende? Quais são suas partes e componentes? Ele é composto de quê? Como é produzido? Quais são suas gêneses, suas derivações psicológicas, de quais genealogias ele depende? Quais mundos nos afastam da Terra, quais mundos nos aproximam dela? Notemos sem demora que o meio científico (a física, a fisiologia, a biologia, o evolucionismo...) não ficou de modo algum indiferente à reflexão nietzschiana sobre o conceito de mundo, nem insensível às múltiplas construções de uma renovação do pensamento do mundo. Porém, muitas outras estruturas de significação encontram-se sedimentadas naquilo que uma cultura chama de "mundo". É por isso que a compreensão da formação dos múltiplos conceitos de mundo na história do pensamento assume um caráter de necessidade nos cadernos preparatórios ao livro sobre a *Vontade de poder*, ou seja, justamente quando se trata de valorizar o mundo real; como se isso não pudesse mais realizar-se sem que se procedesse a uma imensa exploração dos mecanismos subterrâneos de formação dos mundos. Para sondar a natureza do realismo de Nietzsche, convém restituir o sentido dessa análise que oscila entre mundos e Terra. Com efeito, a partir desse momento, Nietzsche não cessará de opor o mundo terrestre ao mundo da verdade, o mundo ideal ao "mundo tal como ele é", a antiterra à Terra.

É bastante evidente que os fragmentos que vamos percorrer são apenas um esboço do pensamento nietzschiano – não podem ser considerados textos acabados. A incompletude é sua condição original. Trata-se literalmente de pensamentos fragmentários. Mas esses fragmentos têm a vantagem ímpar de apresentar um pensamento em formação, um pensamento em ação, apreendido em seu surgimento, em sua tensão, em suas obsessões. São sarcasmos, pensamentos sutis, mordazes, combativos e venenosos, contra mil adversários que formam a história de nossa cultura moderna. Nietzsche maneja com sutileza a arte da genealogia, a arte de decifrar as forças inconscientes que atuam no seio da cultura, o fundo subterrâneo dos pensamentos, seu mecanismo psicológico, sua forma de poder. No fundo, essa arte tem apenas um objetivo: lançar uma luz viva e extraordinariamente penetrante sobre os meandros obscuros do evento que chega ao Ocidente – o niilismo, a negação da Terra –, para substituí-lo pela possibilidade de um mundo criativo, o mundo da vontade de poder, o "sentido da Terra".

Por outro lado, o fato de que os fragmentos constituem um momento de elaboração do pensamento de Nietzsche não significa que este seja fragmentário por natureza ou que se encontre num estado de incompletude perpétuo. Sem dúvida, a reflexão nietzschiana é incessantemente retomada, se

PIERRE MONTEBELLO

desenvolve entre fragmentos e textos publicados; mas encontra seu acabamento em 1888, no projeto de transvaloração dos valores. Mesmo sendo difícil reconstituir seu movimento a partir de uma exposição plurivalente e extensa, em todo caso não se pode contentar-se em dizer que ela só seria constituída de metáforas, de imagens poéticas, que ela só concerniria a um jogo irredutível do sentido, como se nela tudo tivesse um sentido variável. Há uma coerência no pensamento nietzschiano, inclusive em suas mudanças e suas metamorfoses, até mesmo em seus fragmentos. Para colocá-la em evidência, o "mundo" será nosso fio de Ariadne.

O que é real?

De que estamos falando quando falamos de "mundo"? Em que consiste um mundo real? Por que a noção de mundo viria a se tornar tão importante na filosofia de Nietzsche e, mais precisamente, nos cadernos preparatórios à *Vontade de poder*? O significado mais imediato que o termo "mundo" compreende diz respeito ao real fora de nós. Com efeito, comumente utilizamos a palavra "mundo" como sinônimo do real fora de nós, atribuímos a ela um conteúdo realista (inclusive em filosofia, quando buscamos alcançar o que há de mais real no real, o fundamento do real – *ens realissimum*: *ousia*, substância, Deus, átomo, sujeito, efetividade, ser, coisa em si...). A realidade é o substrato do mundo, aquilo que faz com que um mundo exista, aquilo a partir de que um mundo é feito, aquilo em que ele consiste.

Nos cadernos preparatórios à *Vontade de poder*, muitos fragmentos examinam o sentido do que chamamos "realidade". O que nomeamos como "real"? O que "sentimos como real"?[6] O que designamos como "real"?

A questão da apreensão do que é real ou da vontade de alcançar algo real encontra-se de fato no cerne da filosofia. É preciso dizer que, à época dos fragmentos póstumos dedicados à *Vontade de poder*, a posição de Nietzsche não é mais de modo algum realista. E isso desde há muito tempo. Em fevereiro de 1868, numa carta a Carl von Gersdorff, este manifesta seu grande interesse pelo livro de Friedrich Albert Lange, *História do materialismo e crítica de sua importância em nossa época*,[7] no qual é examinada a relação entre as estruturas *a priori* kantianas e a fisiologia e a biologia, ao mesmo tempo que são discutidas as teses darwinistas, assim como o papel crucial que "pensar, sentir e querer" desempenham no que se refere ao vivente – tema recorrente nas reflexões de Nietzsche.[8] O organismo claramente toma o lugar do sujeito transcendental. Alguns dias mais tarde, Nietzsche escreve a Paul Deussen para lhe dizer quão rejeitado era, depois de Kant, o domínio da verdade "absoluta" no reino da poesia e da religião. As "pesquisas sérias em fisiologia" não deixam mais nenhuma ilusão a esse respeito. A metafísica não poderia ter a pretensão de

---

6 XIII, 9 (106).

7 Friedrich-Albert Lange, *Geschichte des Materialismus und Kritik seiner Bedeutung für die Gegenwart*.

8 Friedrich Nietzsche, *Correspondance*, t.I: juin 1850-avril 1869.

concernir ao "verdadeiro ou ser em si", insiste Nietzsche – ciências da natureza e relatividade do saber caminham juntas atualmente. Nessa mesma carta, descobre-se que Nietzsche tinha a intenção de escrever sua tese de doutorado sobre "o conceito de orgânico a partir de Kant".[9] Mesmo que *O nascimento da tragédia* ainda vá discorrer sobre ser, Uno e fundo, sob a influência de Schopenhauer, a convicção de que a relatividade do conhecimento é intransponível enraizar-se-á profundamente.

Humano, demasiado humano evocará essas leituras de então, marcando uma reviravolta importante. Não há mais nenhuma dúvida, aos olhos de Nietzsche, nesse livro pós-schopenhaueriano, de que aquilo que chamamos de mundo (os fenômenos agrupados em *mundo*) é o fruto de um trabalho do intelecto humano herdado da evolução. Foi "o intelecto humano que fez aparecer o fenômeno e que introduziu nas coisas as suas concepções de base errôneas".[10] O novo projeto de Nietzsche é mais positivista: emancipado de qualquer posição de absoluto, nesse momento ele gostaria de ensaiar uma "história da gênese do pensamento".[11] O que chamamos de mundo lhe parece unicamente "o resultado de um grande número de erros e de fantasias que, progressivamente, nasceram durante a evolução global dos seres organizados".[12] Não se pode separar nosso intelecto dessa tendência e dessa evolução; nem – por conseguinte – da

---

9 Ibid., p.555.

10 III, v.2, *Humain, trop humain*, §16, *Phénomènes et chose en soi*.

11 Ibid., §17.

12 Ibid., §16.

história da vida. Pode-se bem dizer que, mesmo para o intelecto humano, o mundo não manifesta nenhuma coisa em si nem qualquer realidade em si.

Por outro lado, se o intelecto humano ocupa um lugar eminente na representação do mundo, como testemunham *Humano, demasiado humano* e *Sobre verdade e mentira no sentido extramoral*, que fazem dele o pivô da história humana a partir de 1873, é porque se tornou claro para Nietzsche que esse mesmo intelecto constitui o instrumento da antropomorfização do mundo. O que é para o homem o mundo, assim *se tornou* por acumulação de imagens e de hábitos arcaicos da sensibilidade. Antes, somos os "coloristas" do nosso mundo. Nomeamos como "mundo" o fruto da nossa representação sensível e intelectual continuamente cambiante. Impregnamos essa representação de valorações (humanas) sem nenhuma relação com uma coisa em si. Quando compreendemos isso, também suspeitamos que a coisa em si que, sob os fenômenos, "*parecia* ser tanto, ou mesmo tudo, *é* vazia, vazia de sentido".[13] A coisa em si é somente digna "de uma gargalhada homérica".

Esse equívoco sobre a coisa em si na obra de Kant vem acompanhado de um erro referente ao mundo fenomenal. Como se este pudesse ser sempre o mesmo, como se formasse um quadro fixo, imutável, idêntico para todos os seres. Antes, o mundo fenomenal encontra-se em variação contínua, ele resulta de um processo evolutivo vital que, incessantemente, cristaliza "erros e

---

13 Ibid., §16.

fantasias", crenças e juízos, os quais "nasceram progressivamente durante a evolução global dos seres organizados".[14] Ele é a expressão de uma história da vida, da evolução da vida. Ele se modifica e se transforma ao mesmo tempo que se dá a evolução dos organismos. Portanto, ele também é múltiplo. Não há mais *fenômeno* único, assim como não há *coisa* em si.

Eis uma conquista do kantismo que não podemos mais questionar: o real *em si* não pode ser alcançado por nossas faculdades cognitivas, mesmo que Kant não tenha entendido ao certo o segredo disso, que não é outro senão a atividade formadora de *todo ser vivo*. Kant notou corretamente que nós impomos nossas leis ao real; porém, não percebeu que essas leis são apenas crenças ligadas ao processo evolutivo. O que é o mundo da representação? Sempre uma interpretação vital, jamais um fundamento; sempre uma falsificação útil, jamais uma verdade. Se devemos conservar a linguagem da verdade, e Nietzsche evidentemente joga com essa linguagem, o mundo produzido por representação não busca expressar o substrato do ser, mas organizar um espaço vivível, urdido por erros, fantasias, falsificações. Esse processo de arranjo do visível é próprio a cada tipo de vida, do mesmo modo que nossas leis numéricas. Não podemos pretender que elas traduzam o real, elas apenas introduzem identidade no mundo para as carências humanas. Elas são válidas, então, apenas no "mundo humano" e

---

14 Ibid., §16.

nada dizem do mundo real?[15] Nosso mundo é apenas a "soma de grande número de erros do entendimento". Mesmo entre os organismos mais primitivos já é evidente o papel da assimilação, que atribuirá sua base à identidade lógica e matemática: assimilar o diferente ao igual, o exterior ao interior.

Começamos a compreender o que quer dizer ensaiar uma *gênese* do pensamento: trata-se de recolocar os produtos do pensamento numa história evolutiva, no legado arcaico dos processos orgânicos. Kant não só deixou de perceber o papel do vivente e da evolução na criação dos fenômenos, mas tampouco constatou que o mundo fenomenal se multiplica segundo as linhas evolutivas das espécies. Daí uma dupla desarticulação necessária entre mundo fenomenal e coisa em si, entre mundo fenomenal e uno. Assim como o mundo fenomenal não exprime nenhuma coisa em si, ele também não tem nada de fixo e imutável – varia segundo os tipos de vida.

Na obra de Nietzsche, muito precocemente encontramos a indicação de que cada animal tem sua perspectiva vital ou exprime *um mundo particular*, que não é absolutamente o "mundo real" ou *o real em si*. Quando o homem fala de mundo – observa Nietzsche, em 1873 –, ele não deveria esquecer que não fala de outra coisa senão de *seu* mundo, do mundo que ele criou, que uma força artística inerente à sua força vital fez que ele criasse. Esse mundo não tem mais realidade do que aquilo que o homem nele coloca para assegurar sua existência,

---

15 Ibid., §19.

ou seja, do que o sentimento de segurança e de paz que este lhe proporciona. Acaso ele tem mais realidade ou verdade do que aquilo que um mundo animal significa para o animal? Como sabê-lo, uma vez que falamos sempre do interior desse mundo que criamos? Reconhecer que há outros mundos animais além do nosso seria um bom começo para descentrar o homem, mas isso já lhe custa muito:

> É somente a crença invencível de que *este* sol, *esta* janela, *esta* mesa são verdades em si, em suma, é somente o fato de que o homem esquece que é um sujeito – e seguramente um sujeito que age como *criador e artista* – que lhe permite viver desfrutando de certa paz, de certa segurança e de certa lógica. Pudesse ele transpor os muros dessa crença que o aprisiona, logo cessaria sua "consciência de si". Já lhe custa bastante reconhecer até que ponto o inseto e o pássaro percebem *um mundo* totalmente diferente daquele do homem [...].[16]

Ao longo dessas leituras de naturalistas, Nietzsche reconhece que cada ser vivente constitui seu mundo, possui seu mundo, submete o real a suas faculdades receptivas e de representação, produz valores que só têm validade em seu mundo. Nesse caso, a noção de mundo irrompe em perspectivas vitais. Poder-se-ia mesmo dizer que o pensamento de Nietzsche sobre esse assunto prefigura claramente a etologia de Jacob von Uexküll, sem apoiar-se, evidentemente, em um terreno experimental. Para este último, todo animal tem seu mundo de percepção (*Merkwelt*) e seu mundo de ação (*Wirkwelt*), que constituem

---

16 I**, *Vérité et mensonge au sens extra-moral*, p.284-5.

seu *Umwelt*.[17] Uma vez que os modos de percepção e de ação diferem segundo os animais, Jacob von Uexküll disso deduzirá que eles percebem mundos diferentes, compostos de imagens diferentes (ações e percepções). Assim que adentramos a imensidão da vida, não mais encontramos, então, *um* mundo, mas mundos variados, matizados, um plurimundo, outras tantas perspectivas animais. Os viventes trazem uma surpreendente diversidade à noção de mundo, uma paleta incomparável de nuances do visível. Os *Umwelten* animais não coincidem: são esferas fechadas, próprias de cada espécie, como uma multiplicação do mundo percebido, segundo traços infinitamente variáveis. Nenhuma visão abrange a natureza toda. Assim como cada animal tem o seu mundo, o sujeito humano tem o seu mundo, o seu meio. Decerto, o naturalista tem uma visão mais abrangente dos ambientes – afirma Jacob von Uexküll –, ele é capaz de sondar muitos meios que ultrapassam sua própria percepção: dos astros até as matérias microscópicas, das profundezas oceânicas até as ondas do éter. Entretanto, para o homem, a infinidade da natureza só se entrega parcialmente. Para ele, o plano natural que serve de base a todos esses mundos permanece impenetrável; os diferentes meios que ele explora "são sustentados e protegidos pelo Uno que a eles permanece para sempre inacessível". Por trás de todos os mundos do naturalista "esconde-se para sempre o fundamento deles: a natureza".[18]

---

17 Jacob von Uexküll, *Milieu animal et milieu humain*, p.27.
18 Ibid., p.166.

Jacob von Uexküll empregará a metáfora da bolha de sabão para descrever o mundo circular e abrangente no qual atua cada vivente. De certa maneira, seu modelo, que se apoia no *sujeito* vivente, propõe uma reorganização do kantismo em direção à vida, isto é, um "monadismo vital" em que cada vivente tem seu mundo-perspectiva.[19] A metáfora da bolha de sabão[20] será por ele utilizada para descrever mundos animais sempre circulares, espaços fechados em si mesmos, encerramento do visível. Num aforismo de *Aurora* – eloquentemente intitulado "Na prisão" –, Nietzsche utiliza preferencialmente a metáfora do encarceramento, que muitas vezes reaparecerá em seus escritos, pois, para ele, o mais importante é manifestar nossa impossibilidade de ter acesso a um "mundo real". Não abandonamos o "círculo concêntrico" de percepções e sensações que constitui nosso horizonte próximo, nosso pequeno espaço vital.

> Minha vista, quer seja penetrante, quer débil, não vê além de certo espaço, e neste espaço eu vivo e atuo, esta linha do horizonte é meu destino mais próximo, grande ou pequeno, a que não posso escapar. Assim, ao redor de cada ser estende-se um círculo concêntrico que tem um centro e que lhe é próprio. Do mesmo modo, o ouvido encerra-nos num pequeno espaço, assim como o tato.[21]

---

19 Ibid., Prefácio de Dominique Lestel: "Uexküll descreve o *Umwelt* como uma espécie de mônada sensorial fechada em si mesma, e não se preocupa em saber quais são as relações que se podem estabelecer entre os *Umwelten* das espécies diferentes que vivem juntas".

20 Jacob von Uexküll, op. cit., p.71: "uma bolha de sabão limita seu espaço visual e determina tudo o que é visível para o sujeito".

21 IV, *Aurore*, §117.

Humano, demasiado humano já mencionava que o mundo vivente – orgânico, animal – era o resultado de uma extensa incorporação de erros ao longo de uma cadeia evolutiva. Com a imagem do encarceramento, *Aurora* confirma que o erro é consubstancial com o vivente, pois ele só pode apoiar-se em sensações enganosas, instrumentos da vida.[22] Por conseguinte, como imaginar que o vivente seja capaz de procurar conhecer o "em si"? Antes de tudo, as formas perceptivas e actantes que ele inventa se destinam a protegê-lo do real, a assegurá-lo de uma sobrevivência no real. Os produtos intelectuais do homem têm a mesma função vital, são expedientes da vida, instrumentos destinados a assegurar-se de uma existência possível. O vivente não procura conhecer o "em si", nem o real em si, pois ele só tem um objetivo: submeter o mundo às suas carências orgânicas.

Em toda essa problemática inicial em torno do vivente, observamos claramente que a questão geral que se coloca é a do *acesso ao real*. Há um caminho para que se tenha acesso ao real, um método que permita aos viventes alcançar um real em si? A resposta é clara: o real não é percebido *enquanto tal* ou dado em si mesmo por nenhum vivente. Cada vivente joga suas redes sobre o real (sensações e percepções), tal como a aranha joga sua teia. Nenhum vivente abandona seu círculo perceptivo e alcança um real em si:

---

22 IV, *Aurore*, §117.

Não há nenhuma escapatória, não há subterfúgio nem desvio que leve *ao mundo real!* Estamos em nossa teia como aranhas e, o que quer que nela capturemos, só podemos capturar aquilo que se deixa capturar em *nossa teia.*[23]

E, do mesmo modo, o "mundo real" permanece fechado e inacessível ao homem, bem como a qualquer outro vivente. Por mais poderosos que sejam nossas categorias e nossos valores, eles ainda se encontram capturados na teia de aranha de *nosso* mundo (imagem que Nietzsche utiliza com frequência e que Jacob von Uexküll também emprega).[24] São esses os fios que estendemos sobre o real, como uma teia mais extensa, fina e maleável. *Aurora* também não hesitará em reduzir, não sem ironia, "todo o fenômeno moral" (justiça, inteligência, moderação, bravura) a uma conduta "animal", fazendo provir do mais animal o mais espiritual. Busca por segurança, proteção e dissimulação guiam a totalidade dos animais, e, do mesmo modo, o homem em sociedade. Irônica inversão: nossas "virtudes socráticas são animalescas".[25] Até mesmo nos juízos morais, não se trata de verdade ou de virtude, e sim de animalidade, de mundo animal. No que se refere ao conhecimento, bem como à moral, permanecemos no interior do nosso mundo animal. Quando

---

23 IV, *Aurore*, §117: "En Prison". A tradução de Henri Albert (Paris: Mercure de France, 1901) destaca, mais precisamente, "*ao mundo real*" ["vers *le monde réel*"], nós a corrigimos aqui.

24 Jacob von Uexküll, op. cit., p.29: "Tal como teias de aranha, todo sujeito tece suas relações com certas características das coisas e as entrelaça para produzir uma rede que dê sustentação à sua existência".

25 IV, *Aurore*, §26, *Les Animaux et la morale*.

afirmamos conhecer um mundo exterior, só conhecemos efetivamente a nós mesmos. E, quando acreditamos agir com virtude, é ainda o animal que age em nós.

Essa relação entre mundo e vida, valores vitais e realidade,
ainda está muito presente em 1887-1888. Em um fragmento
de 1888, precisamente posterior aos cadernos sobre a *Vontade de
poder*, a redução da realidade a um mundo vivível, a um conjunto de valores para o vivente, segundo uma perspectiva própria a
cada espécie animal, é fortemente sublinhada. Para toda espécie
animal, sustenta Nietzsche, o mundo se forma pela relação entre
o centro de forças que a constitui e o mundo real desconhecido
que ela jamais pode alcançar. Nietzsche chama de mundo "aparente" esses mundos perspectivistas, perfilados. Com exceção
dessas aparências perspectivistas, não há nada, absolutamente
nada, nenhum mundo em si.

> O mundo aparente, isto é, um mundo considerado e organizado em fun-
> ção de valores, selecionado em função de valores, ou seja, no caso do ponto de
> vista da utilidade, quanto à conservação e ao ganho de poder de uma espécie
> animal particular. *Logo, é a perspectivação que estabelece o caráter de aparência.
> Como se um mundo pudesse subsistir se abstraíssemos dos elementos de perspecti-
> va!* Seria abstrair de toda relatividade.[26]

A insistência de Nietzsche a respeito da relatividade de toda
perspectiva vital é bastante conhecida para ser sublinhada.
Falar de mundo em si seria passar por cima dessa perspectiva

---

26 XIII, 14 (184).

vital e desdenhar da relatividade dos pontos de vista. Notemos que a palavra "mundo", doravante, não significa estritamente mais nada, uma vez eliminadas as perspectivas vitais a partir de um centro. É precisamente esse mundo formado por seus valores, suas ações e percepções que o vivente sente como real. Logo, por "mundo" não se deve entender outra coisa senão "o jogo coletivo" das valorações e das ações próprias a cada espécie animal. Cada "mundo aparente" resulta de uma conformação daquilo que resiste a ele, de uma ação sobre o "mundo" (independente) segundo uma perspectiva vital. Nada mais é considerado real, nada mais *se mostra* real. Por conseguinte, para cada perspectiva, nunca é o mesmo real que está em jogo.

Nesse momento, podemos responder à pergunta acerca do que é a realidade para um vivente. O que é a realidade para cada ser vivo senão essa organização, esse arranjo das aparências, do visível, do perceptível, em todo processo de vida? É esse arranjo das aparências que torna o mundo habitável para todo vivente. Essas maneiras de dispor as aparências são engendradas por múltiplas forças da vida, e sempre esses mundos criados, incomunicáveis, fechados e circulares equivalem à própria "realidade". O reino do vivente é extraordinário, porquanto é constituído de uma pluralidade de mundos aparentes, sem qualquer realidade em comum que lhes sirva de fundamento. Não há uma espécie vivente que não considere seu mundo a própria realidade. À multiplicidade das perspectivas corresponde uma multiplicidade de aparências.

> A questão de saber se poderia haver *muitas maneiras* de criar tal mundo aparente – e se essa maneira de criar, de logicizar, de dispor e de falsificar não é sequer a *realidade* mais afiançada; enfim, se *aquilo que* dispõe as coisas não é o único real [...].[27]

No fundo, o que esses textos nos contam é que a atividade formadora do vivente e o mundo de aparência que ele cria são para ele a única realidade. Suponhamos mesmo que se conserve de Kant o termo "aparência" (no sentido kantiano do fenômeno, essa realidade efetiva – *Wirklichkeit* – que resulta das intuições e categorias), como Nietzsche o faz aqui, para designar o que é considerado real, então a filosofia da vida nos incita a concluir que toda criação de aparências pelo vivente equivale à sua própria realidade. O vivente considera real o que deriva de sua atividade criativa e formadora, de seu tipo de organização das aparências. Não há outra realidade, não há "realidade" em si, nem "coisa" em si. A fenomenalidade e a realidade (o mundo dos "fenômenos") são esse arranjo estético e categorial que nós, viventes, "sentimos como real".[28] É por isso que nenhum mundo vital pode ser designado como próximo ou distante do real em si. Do mesmo modo, nenhuma realidade encontra-se aí, dada antes de uma perspectiva, antes de uma suposição de valores, antes de um centro de valoração.

Disso resulta uma última retificação a Kant. Este preservou a coisa em si, sem se aperceber de que as *coisas* são antes

---

27 XIII, 9 (106).
28 XIII, 9 (106).

derivadas da atividade formadora do mundo. Procurar saber o que pode ser essa "coisa" em si, abstraindo-se da maneira como um vivente esquematiza seu mundo, organiza suas aparências (sensações/percepções), é um falso problema. Despojado de todas as relações que o transformam em coisas, o "em si" não tem em absoluto o caráter de uma coisa. Ele não tem qualquer caráter que seja. O que é uma coisa, a não ser aquilo que é configurado pelo próprio vivente (localizado num espaço-tempo, unificado, mensurado...)? Quando atribuímos ao "em si" o caráter de uma coisa, já estamos indo longe demais. Outra vez, na obra de Nietzsche, é a filosofia da vida que proscreve esse resíduo de realismo metafísico. Todo sentimento de *realidade* é relativo a um centro de forças (relação de forças), deriva de uma atividade criadora e formadora da vida, do ordenamento das aparências sob certas coerções vitais, e assim também ocorre com o que chamamos de coisa. Se não há *mundo em si*, fora de nós, mas somente centros de perspectivas vitais, também não há *coisa* em si. Eis aqui o outro erro de Kant. Por que falar de *coisa* em si para designar essa realidade absoluta, suprassensível, que não conhecemos e não podemos conhecer? Embora Kant tenha nos afastado de um realismo metafísico com sua filosofia crítica, ele conservou a ideia de que o real absoluto ainda poderia ter o aspecto de uma *coisa*. Ora, é evidente que a coisidade não é um dado absoluto – ela também é uma construção. O real, "abstraindo-se" de todas as relações que lhe impomos, não poderia conservar o caráter de coisa, pois também somos nós que formamos a coisidade.

Questões acerca do que efetivamente pode ser "coisas em si" – abstrain-do-se da nossa receptividade sensível e do nosso entendimento – devem ser contestadas pela seguinte interrogação: com base em que poderíamos saber que existem *coisas*? Antes de tudo, a "coisidade" foi formada apenas por nós.[29]

Portanto, a imagem da realidade mudou muito a partir de Kant. Vimos que este último não conseguiu apreender a deri-vação vital de nossas faculdades: ele não percebeu que nos-sa receptividade e nosso entendimento derivavam de coerções necessárias à vida, que eles eram órgãos de promoção da vida; ele não procedeu a uma gênese vital da atividade de conheci-mento. Nesse domínio vital, o único real para o vivente é ape-nas aquele que é valorado, polarizado, disposto por ele segundo imperativos vitais. O processo evolutivo de vida substitui o sujeito transcendental e redistribui a aparência segundo as perspectivas animais.

Esse perspectivismo vital, contudo, não se assemelha a um kantismo estendido aos viventes? Sabemos que essa extensão será o argumento decisivo de Jacob von Uexküll, sua contribui-ção à doutrina de Kant. Seu argumento consiste em sustentar que não há tempo universal nem espaço universal. Todo sujei-to vivente cria seu espaço e seu tempo: "Sem um sujeito vivente, não pode haver tempo e espaço. A biologia alcançou com isso

---

29 XIII, 9 (106) e XIII, 10 (202): "A 'coisa em si' absurda: se abstraio de todas as relações, de todas as 'qualidades', de todas as 'atividades', a coisa *não* subsiste [...]". XIII, 9 (40): "Que as coisas tenham *uma constituição em si mesmas*, abs-traindo-se de toda interpretação e da subjetividade, eis *uma hipótese absoluta-mente estéril*".

o nexo definitivo com a teoria de Kant".[30] Ao dizer isso, Jacob von Uexküll não pretende refutar o kantismo; antes, ele vê a teoria kantiana confirmada pelo estudo dos mundos animais, que, mesmo sendo distintos do mundo humano, obedecem à lógica do esquematismo espaçotemporal. Em suma, ele se propõe a estender a doutrina de Kant: todo sujeito vivente esquematiza, organiza seu mundo fenomenal. Von Uexküll estende o idealismo kantiano ao mundo animal. De certa maneira, ele ainda permanece subjetivista, organicista. Ele estende aos viventes – toupeiras, carrapatos, abelhas, pássaros... – a capacidade de serem sujeitos. Assim como o sujeito humano, os sujeitos viventes têm um mundo, constituem seu mundo mediante sua estrutura orgânica, pelos órgãos perceptivos e órgãos de ação.

Mas essa monadologia vital – de inspiração kantiana – não é muito nietzschiana; precisamente porque o sujeito não é central na obra de Nietzsche: o que importa é o processo vital. Em vez de sujeitos viventes, deve-se falar de *centros de forças* em perpétua variação. Em vez de um cognocentrismo ainda kantiano (reduzir tudo a elementos de significação no arco sensorial e actante), como afirma Jean-Michel le Bot sobre Jacob von Uexküll, trata-se, antes, de uma variação das forças que, por um tipo de dobra, produz pontos de vista distintos. Os viventes não são apenas os instauradores de significação conduzidos por objetos de significação, tal como a aranha cuja teia é a realização

---

30 Jacob von Uexküll, op. cit., p.45.

da "significação-presa".[31] Decerto podemos dizer que o vivente constrói um mundo onde tudo tem significado – espaço, lugar, caminho, percurso, acontecimentos –, que toda percepção é percepção de significação. Mas o perigo é reduzir tudo a um subjetivismo – dizer que "cada sujeito vive em um mundo onde há somente realidades subjetivas" (Uexküll). Como a natureza poderia ser constituída por um caos de solipsismos? Para Nietzsche, assim como para William James, o perspectivismo não é um ponto de vista sem mundo, mas a maneira pela qual somos partes interessadas do mundo, o lugar em que estamos inseridos no mundo, "a partir do qual o mundo é nosso".[32] Não é uma variação do sujeito, mas uma variação do mundo. Ao falar sobre centro de forças, Nietzsche evita esse subjetivismo não ao se referir a um mundo dado, comum e imutável, mas ao se referir ao corpo como um emaranhado de forças e complexos de poder no seio de uma onda de forças. É nesse sentido que Nietzsche poderá afirmar que, em toda interpretação, é a vontade de poder que interpreta, ou seja, as forças em jogo, o centro de forças.

---

31 Jean-Michel Le Bot, "Renouveler Le Regard sur les mondes animaux, de Jacob von Uexküll à Jean Gagnepain". *Tétralogiques*, n.21, mar. 2016.

32 Vinciane Despret; Stéphan Galetic, "Faire de Henry James un 'lecteur anachronique' de Jacob von Uexküll: esquisse d'un perspectivisme radical". In: Didier Debaise (org.), *Vie et expérimentation, Peirce, James, Dewey*, p.69. Mais uma vez, sublinhamos a proximidade com William James, na frase que este último atribui a um filósofo francês, sem dúvida Bergson: "Nós somos real no real".

> Cada centro de força [*Kraftcentrum*] tem sua própria perspectiva para todo o *resto*, isto é, *sua valoração* bem determinada, sua maneira de agir, sua maneira de resistir [...]. A *realidade* consiste exatamente nessa ação e reação particulares de cada indivíduo com relação ao todo [...].[33]

Em suma, não podemos deduzir nada do sujeito em si, mesmo que ele seja vivente. Espaços, tempos e categorias dependem antes de uma gênese vital infrassubjetiva em todo vivente, e não somente no homem. Na imensa extensão da vida, percepções e categorias são engendradas *por carências vitais* que ultrapassam os sujeitos e organismos individuais. Uma formação de vida específica imprime fundo, a todo momento, seu movimento. Logo, Nietzsche propõe uma concepção mais ampla da formação do vivente e da significação da vida do que aquela de von Uexküll. A partir de 1883, as leituras de naturalistas, fisiologistas e biólogos irão convencê-lo em definitivo de que a marca essencial da vida consiste nesse processo criativo e formativo: é ele que cria as formas viventes, que manifesta uma plasticidade interna que se estende acima de sujeitos e meios. Ao contrário do que pensa Darwin, que insiste demais na adaptação externa e na seleção dos mais fortes, "o essencial do processo vital é justamente esse monstruoso poder formador que, *a partir do interior, é criador de formas* – que *utiliza e explora* as circunstâncias exteriores".[34] O *sujeito* vivente é apenas um resultado, uma

---

33 XIII, 14 (184).
34 XII, 7 (25): esse fragmento de 1886-1887 resume sua visão; sobre esse assunto, ver Wolfgang Müller-Lauter, *Physiologie de la Volonté de puissance*. Sobre

Nietzsche – O mundo da Terra

camada superficial. Antes de todo sujeito vivente, há essa força vital que provém do interior para criar formas incessantemente renovadas, uma força criadora que não está distante de uma força artística. Por conseguinte, a maneira como cada espécie vivente configura seu mundo em pontos de vista subjetivos é um processo que tem origem mais longínqua do que esses próprios pontos de vista, que nunca são um ponto de partida. Esse longo processo de vida não poderia ser colocado no mesmo plano (como em Bergson) da simples função subjetiva.

Se atentarmos para isso, a posição de Nietzsche se aproxima de uma apropriação contínua da experiência por uma força vital, de uma interpretação contínua e incessantemente remanejada. Na origem de toda forma de mundo, há esse dinamismo vital, essa modelagem, esse cinzelamento da exterioridade. Na vida, todo sentimento de realidade é a consequência dessa força vital que se impõe. É por isso que o sentimento de vida, inclusive a força criadora que ele exprime, é o único critério do real: "Nosso grau de *sentimento de vida* e de *poder* (lógica e coerência da experiência vivida) nos dá a medida do 'ser', da 'realidade', da não aparência".[35] Ao ler esses textos, é evidente que a posição antirrealista de Nietzsche se funda na consideração inelutável de uma força vital. Dizer que o sentimento de vida e de poder ("coerência da experiência vivida") é a única *medida do*

---

o mesmo assunto, ver *La Généalogie de la morale*, segunda dissertação, §12, a crítica de Darwin e de Spencer, e *Par-delà Bien et mal*, §253, a "baixeza plebeia" das ideias vindas da Inglaterra.

35 XIII, 10 (19).

ser e da realidade não é o mesmo que dizer que a única realidade é aquela imanente à vida? Não é sustentar, de outra forma, que "pensar e ser se equivalem": força vital e realidade se equivalem? Vê-se que falar de sujeito vivente é insuficiente, pois significa apenas percorrer a metade do caminho com Nietzsche. Isso seria supor que este último só propõe uma nova teoria do conhecimento em direção ao vivente, ou uma nova extensão do sujeito em direção à vida. Por toda parte, ele sustenta que uma relação das forças precede essa correlação vital. Em outras palavras, a filosofia de Nietzsche não é em absoluto uma filosofia do sujeito (*mesmo vivente*): é uma filosofia da natureza. Todo sujeito corporal é um resultado, um edifício de forças que emana de uma onda imensa, de uma energia desdobrada pelo estrondo incessante das forças disputando entre si, de um *centro de forças*. Os *sujeitos* viventes não têm realidade substancial. São apenas "centros de forças" momentâneos.

É claro que tal extensão do sentimento de realidade até o processo de vida arruína os próprios fundamentos da filosofia transcendental. Antes de tudo, porque aqui nenhuma condição transcendental é exigida, tudo é reconduzido a uma força vital, que faz romper o campo transcendental numa miríade de inconciliáveis perspectivas independentes dos sujeitos. Enfim, porque a antropologia humana se encontra ultrapassada pela multiplicação de mundos aparentes que têm seu próprio valor. Não poderíamos estar mais longe de um subjetivismo monocentrado ou de um subjetivismo radical. Para cada vivente, antes de tudo, o sentimento de realidade exprime uma força vital – ele não tem nenhuma autonomia interior. Para ele, se algo vale como realidade, é pela criação de um mundo aparente que, antes de tudo, exprime sua força vital. Portanto, são esses processos vitais e esses centros de forças (*kraftcentrum*) viventes que constituem objeto de reflexão (vê-se por que é melhor falar – como Nietzsche – em *centros de forças*, em vez de sujeitos, pois todo sujeito já concretiza uma hierarquia de forças), bem como a cintilação de aparências que deles resultam.

A consequência mais crucial desses desenvolvimentos será a substituição do mundo em si por "um mundo de relação" (de "relatividade", dizia um fragmento de 1888), e o estabelecimento de uma gênese da aparência em função de imperativos vitais, infinitamente variáveis: cada mundo, em suma, constituindo apenas uma perspectiva relacional adotada em um mundo de forças.

Na primavera de 1888, Nietzsche confirmará essa linha de pensamento num fragmento muito importante sobre o sentido que se deve atribuir à aparência e ao mundo como *relação* (e não como ser).

> A "aparência" é um mundo organizado e simplificado, no qual trabalharam nossos instintos *práticos*; ele *nos* convém especialmente: com efeito, nele *vivemos*, nele podemos viver: prova de sua verdade para nós.
>
> O mundo, *abstraindo-se da nossa necessidade de nele viver*, o mundo que não reduzimos a nosso ser, à nossa lógica e a nossos preconceitos psicológicos *não* existe como mundo "em si".

Nietzsche, então, expõe sua tese mais decisiva:

> O mundo é essencialmente um *mundo de relação*: em certas ocasiões, visto de cada ponto, ele pode apresentar um *aspecto diferente*: seu "ser" é essencialmente diferente em cada ponto: ele pressiona sobre cada ponto, cada ponto a ele resiste e, em todo caso, tudo isso somado *não se coaduna* em absoluto.[36]

Entre os viventes não subsiste mais nenhum mundo comum, tampouco há concórdia entre os mundos. Não encontramos nenhuma harmonia que conecte esses mundos, nenhuma unidade que os reúna. Para os seres do cosmos, a unidade cosmológica está ausente. Ao mesmo tempo que a interpretação perspectivista prevalece, o mundo se rompe em mil pedaços, sem mundo uno, sem mundo comum. Entre os viventes, os mundos não coincidem. É por isso que o perspectivismo de Nietzsche não leva a uma harmonia preestabelecida: cada centro vivente percebe o mundo à sua maneira, mas não é uma percepção obscura (como em Leibniz, o infinito no finito), nem uma percepção que se coaduna com as outras neste grande geometral – Deus. A pluralidade de mundos coaduna-se com o polimorfismo das perspectivas.

O antirrealismo vital encontra-se completo. Atrás de si, porém, ele deixa entrever a realidade de um mundo de forças.

Um único real: o vir a ser

Com efeito, qual é o estatuto do vir a ser em todos esses textos? Apesar de tudo, ele não desempenha o papel de uma

---

36 XIV, 14 (93).

realidade em si ou de um *mundo em si* sob as aparências? Convenhamos que o vocabulário realista de Nietzsche introduz um sério problema. A noção de "mundo do vir a ser" é eminentemente equívoca. Bem como o é o uso frequente da palavra "mundo" para designar o real não categorizado, não valorado, não projetivo, não vital, em expressões tais como: "mundo tal como ele *é*", "mundo existente", "único mundo"... Pois todos esses termos são empregados para designar o *vir a ser, enquanto único real*. Apesar do antirrealismo vital, há uma forma de realismo incessantemente reivindicada por Nietzsche, seja qual for o termo que escolhamos para designá-lo. O que existe de fato para ele é o vir a ser, o mundo terrestre, a Terra. Decerto, esses termos não designam um ser no sentido substancial, nem uma realidade em si (o vir a ser não tem nenhuma das propriedades de uma realidade em si – permanência, substancialidade, identidade...), mas um real impermanente, um mundo perpetuamente cambiante. Quanto a essa escolha, o *Crepúsculo dos ídolos* é muito claro: "Heráclito sempre terá razão ao afirmar que o Ser é uma ficção vazia de sentido. O 'mundo aparente' é o único [...]".[37] Para Nietzsche, não se trata de adotar uma posição abstrata, apartada de toda relação com a experiência e a época, mas de alegar a própria efetividade daquilo que jamais pode ser conhecido ou pensado como real/coisa em si, a saber: o vir a ser.

---

37 VIII, *Crépuscule des idoles*, "La 'raison' dans la philosophie", §2.

De fato, pode-se dizer que algo mudou no espírito do tempo. Não se pode mais negligenciar a realidade do tempo, do vir a ser, da evolução. Quer seja como experiência de vida (a vida afronta continuamente o vir a ser, o imprevisível, e deles se protege), quer como novo objeto de ciência, essa realidade caracteriza os espíritos depois de Darwin. Já em Kant, a anatomia comparada possibilitava o surgimento de uma "arqueologia da Terra" (comparação de fósseis) que introduzia o conceito de finalidade natural – pelo qual o orgânico é pensado de maneira reflexiva – à prova da epigênese dos seres vivos, a partir de uma linhagem ou de um tipo primitivo, ou seja, de uma organização originária. São sintomáticos os motivos pelos quais Kant recusará a tese da transformação imperceptível das espécies a partir de uma organização originária, mesmo considerando que se trata de "uma ousada aventura da razão". Tal transformação não se coaduna com a separação entre leis mecânicas e organização reflexiva que é o próprio fundamento da análise crítica. Nessa história da natureza, sempre chega um momento em que se encontra uma organização originária que só pode ser pensada por um juízo reflexivo, e não pelo mecanismo. Mesmo que a história epigenética da natureza seja uma hipótese digna de exame, Kant apenas admite a *"generatio homonyma"* do ser vivo, essa reprodução do semelhante que garante o bom uso da finalidade reflexiva. Para ele, a geração não pode ser "unívoca", isto é, não pode comportar diferenças que a fariam variar. Apesar do que afirma a epigênese, não vemos uma espécie engendrar outra espécie.[38] Constata-se, portanto, que o problema da diferenciação vital ao longo de uma cadeia evolutiva já aparece em Kant. Porém, tudo se modifica de fato com a publicação do livro de Darwin sobre *A origem das espécies*, em 1859. Nietzsche reflete num contexto profundamente modificado pelas ideias transformistas e evolucionistas – ele não ignora os numerosos debates a esse respeito que agitam sua época. Naquele momento estava em voga pensar o conceito de mundo como resultado de um processo evolutivo infinitamente diferenciado. A realidade devia igualmente sofrer esse impacto e pôr-se a designar um vir a ser temporal perpetuamente cambiante e variável.

Em todo caso, persiste o equívoco de numerosos textos que designam como "mundo" duas coisas muito diferentes, a saber: por um lado, o resultado da atividade vital de valoração segundo uma perspectiva vital muito particular; por outro, o mundo cambiante, exterior, impessoal. Mostraremos aqui que essa divisão está relacionada com a vida. Ou a vida se protege do vir a ser (antirrealismo), ou celebra o vir a ser para melhor criar (realismo).

Com efeito, como conciliar o ato de falar de um *mundo real* do vir a ser e ao mesmo tempo sublinhar um encarceramento dos viventes em seus mundos? Temos de encarar essa ambiguidade

---

38 Kant, *La Critique de la faculté de juger*, §80. Sobre esse assunto, ver Philippe Huneman, *Métaphysique et biologie, Kant et la constitution du concept d'organisme*

na maior parte dos fragmentos. Se nenhuma realidade pode ser alcançada pela vida, qual é o sentido de citar repetidamente "mundo real" e "mundo do vir a ser"? Como, enquanto viventes, poderíamos ter *acesso* a esse mundo *real*, após o que afirma Nietzsche sobre o encarceramento de toda vida – de todo vivente – em seu mundo, sobre a negação do vir a ser por toda vida? Como vimos, supondo que isso seja algo real que está em jogo, independentemente de qualquer perspectiva vital, o fato de os viventes se encontrarem encerrados em perspectivas concêntricas bloqueia todo acesso ao real. Nesse contexto, é muito difícil compreender como o real movente, cambiante, em vir a ser, que não é nenhuma realidade em si, poderia tornar-se perceptível aos viventes que dela se protegem inventando mundos idênticos (assimilação, nutrição).

Diante do flagrante equívoco desses textos, também se coloca a questão da interpretação. O "real" designa um mundo real fora do vivente ou é somente uma *interpretação* de mundo peculiar à perspectiva das forças conquistadoras (que não precisam se apoiar em nenhum real estável, nenhum ser)? Acaso ele não passa de um reforço da perspectiva vital? Antes, ele não é aquilo em que estamos imersos, o que atravessa todo corpo e toda vida? Não é porque somos apanhados nesse movimento, como "partes de natureza", que também podemos agarrá-lo? Também essa ambiguidade interpretativa é inerente a muitos fragmentos.

A estranha associação entre mundo e vir a ser ("mundo do vir a ser") não é muito clara para o leitor. Nebuloso é o fato de o vir a ser concernir à noção de *mundo*. Empregar a palavra *mundo* para falar do vir a ser é juntar dois conceitos antitéticos. Vê-se que o vir a ser é o que justamente não permanece em si, o que é sem realidade estável, sem totalização possível, sem unidade abrangente. No sentido próprio, isso não é um mundo, não é um arranjo, uma organização, um sistema, um conjunto de fins. O vir a ser des-mundaniza. Também não é uma fonte de verdade, salvo quando se diz que a única verdade é que não há verdade estável (Nietzsche fala muitas vezes da *verdade* do vir a ser que, segundo os cânones das doutrinas da verdade, é apenas uma não verdade). O vir a ser é desprovido de verdade, pois a verdade implica a invariância. A verdade não pode concernir ao que escapa a toda fixidez. Ora, não há qualquer fundamento em si do vir a ser, nenhuma invariância, nenhuma permanência. O vir a ser, portanto, não tem nenhum caráter do verdadeiro – ele é a antiverdade, o *antilógos*. Eis a sua verdade!

Então qual é a função da denominação "mundo do vir a ser"? Só podemos formular uma hipótese. A solução mais plausível é dizer que, de maneira polêmica, essa denominação – "mundo do vir a ser" – opõe-se ao "mundo da verdade", do mesmo modo que à "vontade de verdade" opor-se-á a "vontade de poder". Encontramo-nos aqui num jogo de subversão das categorias clássicas. Frequentemente, Nietzsche fala da *sua* concepção do mundo, sugerindo que não há nada em comum entre sua concepção e as concepções idealistas do mundo. Isso quer dizer que a noção de mundo também não pode ser tratada de maneira unívoca: ela abrange uma polissemia que torna difícil a leitura desses textos. Aqui, mais uma vez, faz-se mister distinguir três empregos da palavra. Num primeiro sentido – absoluto –, a noção de "mundo" remonta à história da metafísica (realidade absoluta, Uno, ser, fim...) como mundo da verdade. Num segundo sentido – perspectivista –, "mundo" designa a formação de seu mundo operada por cada vivente. Num terceiro sentido – realista –, "mundo do vir a ser" traduz a vontade feroz de opor *este único* mundo aos mundos da metafísica. Parece-me que a única maneira de conciliar esses textos que às vezes parecem divergentes é limitar o antirrealismo de Nietzsche à realidade em si, ao mundo em si, ao mundo da verdade; e admitir que este não concerne ao real-vir a ser, mas, pelo contrário, que o "mundo do vir a ser" é incansavelmente proclamado como o "único mundo real".

De fato, no contexto de uma oposição às doutrinas da verdade que afirmam uma realidade em si – objeto de crítica de muitos fragmentos póstumos –, só o que podemos dizer por enquanto é que o mundo do vir a ser não pode ser assimilado a uma realidade em si. Antes de tudo, porque o vir a ser opõe-se à própria ideia de realidade em si ou de mundo em si, de realidade que permanece em si, que subsiste em si (imutável, eterno, lógico), de arranjo de mundo já constituído. O vir a ser, mesmo que seja real, não é *uma realidade*: é, antes, o que escapa a toda realização, a todo congelamento, a toda coisificação ou reificação. Por outro lado, o vivente jamais considera real o vir a ser, pois ao afastar-se do vir a ser o vivente se conserva: é assim que toda organização vital introduz referências, espaços, valores, polaridades, hábitos, ficções, crenças no vir a ser.[39] No fundo, o antirrealismo de Nietzsche apoia-se sobre dois pontos: o "em si" e a realidade em si não existem, enquanto o mundo real do vir a ser é incessantemente travestido e mascarado na atividade dos viventes.

É fundamental partir daquilo que Nietzsche afirma com maior frequência e conservá-lo na memória. Comumente, ele diz: o vir a ser não é valorado pela vida, não é aquilo que é avaliado *como real, sentido como real*. Quando a vida enfrenta o vir a ser, ela inventa poeticamente, por meio de sua força formativa, um mundo próprio, que *nega o vir a ser* – mundo sem concordância com uma realidade em si e muito menos com o vir a ser. O vir a ser não é apenas afastado pela vida, mas ela não busca conhecê-lo. O vir a ser não é um objeto de conhecimento para o vivente.

Entretanto, incontestavelmente, dele o ser vivo faz também *a experiência*. Os órgãos sensoriais lutam contra o vir a ser; nele os corpos são imersos. Como esse real é inapreensível, incerto, imprevisível, os viventes a ele se opõem como ao maior dos perigos. Como veremos, para a vida o vir a ser é o "mal". A maldição do vir a ser é de submeter a vida ao acaso, ao inesperado, ao imprevisto. Em que momento a vida e o vir a ser associam-se numa conjunção nova? Existe um tipo de vida capaz de assumir o vir a ser em si, de com ele intensificar-se? Essas questões aparecerão claramente em *Aurora*, livro em que Nietzsche

---

39 V, *Le Gai Savoir*, §110.

evocará uma nova paixão do conhecimento, mais conquistadora, capaz de tornar a humanidade mais confiante.[40] Nessa obra, Nietzsche pressentirá uma forma de vida mais sutil, mais poderosa, capaz de assumir o vir a ser, de se estender ao vir a ser. Será necessário um salto vital para que a vontade de verdade seja reconsiderada, para que o desejo de proteção em um "em si" imaginado não seja mais o único subterfúgio da vida. Essa nova forma de vida exprimirá a intensificação de uma paixão do conhecimento que rompe o domínio limitado da vida e envolve a onda de forças que flui nas coisas. No fundo, o que Nietzsche chama de *o pessimismo da força* será o último capítulo dessa história, a total aceitação pela vida do vir a ser não verdadeiro, falso, contraditório, sem realidade em si; etapa decisiva, na qual o mundo da verdade desmorona, dando lugar a esse novo mundo, o mundo da vontade de poder e do vir a ser que atravessa vida e cosmos.

Para compreendê-lo mais claramente, devemos distinguir quatro níveis nesse discurso sobre a realidade. 1) O perspectivismo vital: é toda vida que organiza seu mundo contra o vir a ser e perde o contato com aquilo que é comumente chamado de "mundo real". A vida tende a formar nichos *contra* o mundo real. Esses nichos são perspectivas e mundos relacionais em que o vir a ser assume formas fixas. Toda vida busca introduzir referências (estáveis) no vir a ser, organizar um espaço-tempo específico, mas seus esquemas e valorações não poderiam

---

40 IV, *Aurore*, §429.

se apresentar como conhecimentos do mundo. 2) O vivente humano: quando fabula um mundo em si para conservar-se, o vivente humano também não seria capaz de pretender atingir qualquer realidade em si; ele só prolonga esse movimento da vida que consiste em se proteger do vir a ser, ele projeta no "em si" as ficções necessárias à vida (estabilidade, invariância, identidade, formas, gêneros, leis…). Nesse nível, que é o do intelecto humano, realidade em si ou mundo em si são apenas ficções que caracterizam um tipo de relação entre a vida humana e o mundo do vir a ser, com o propósito de se proteger dele. 3) O vir a ser – que é o único real – não tem realidade em si mesmo, se por realidade entendemos o que a tradição entendeu como tal, a saber: uma estrutura que perdura, uma invariância em si, uma permanência (substância, essência, propriedades matemáticas…). 4) Para alguns tipos de vida, o vir a ser não é mais aquilo de que é preciso se proteger, a extensão da força vital torna a vida capaz de incorporar o incerto como instrumento de criação ("elevação do homem").

Vê-se que já é possível identificar os dois aspectos diversos do discurso antirrealista que se encontram em estreita relação com o papel das ficções vitais. Por um lado, o vivente não alcança nenhuma realidade em si; ele se contenta em formar um mundo que tenha um sentido vital. Por outro, o vir a ser a partir do qual esse vivente faz a experiência – apesar disso – jamais é por ele considerado como real e verdadeiro. O antirrealismo vital sempre tem esses dois sentidos. Ele indica a impossibilidade de descobrir um fundamento em si do real a partir da vida, mas também designa a impossibilidade de se chegar a um conhecimento verdadeiro do vir a ser a partir da vida. As doutrinas da verdade, quando falam no absoluto, devem ceder a esses dois pontos. Pois o que a vida chama de verdade não tem qualquer fundamento numa realidade em si (impossibilidade de adequação a um real em si), ao passo que, por outro lado, a vida continuamente se desvia do conhecimento do vir a ser como forma do real na qual estamos imersos. Nem "em si" nem vir a ser constituem o objeto imediato da vida. Antes, toda vida considera verdadeira a negação do vir a ser (impossibilidade do conhecimento do real como vir a ser) e falso o próprio vir a ser. Efetivamente, é essa dupla impossibilidade que atravessa todos os textos de Nietzsche: encontrar, a partir da vida, um fundamento para a verdade. Seja como for, a partir da vida não há nem verdade como adequação a um real em si, nem apropriação do vir a ser em si mesmo.

No entanto, tampouco resta alguma dúvida de que esses fragmentos também afirmam um "mundo real" do qual os viventes fazem a experiência, a saber: o vir a ser, já que Nietzsche assim o nomeia sem cessar, mesmo que a tendência profundamente arraigada da vida consista em se desviar dele, em se proteger dele. Podemos até mesmo sustentar que os cadernos preparatórios à vontade de poder só têm um objetivo: anunciar que é preciso voltar ao vir a ser, à Terra. A proposição de um niilismo ativo repousará inteiramente sobre esta poderosa convicção: a crença na verdade é de todo desnecessária àquele que tem a força de aceitar que o mundo do vir a ser é o único mundo – que nenhum sentido nele se inscreve –, àquele que tem a força de compreender que o sentido está sempre por ser criado.[41] Chegou então o tempo de afirmar a inocência do vir a ser, isto é, esse despojamento absoluto do real pelo qual o vir a ser se desembaraça de todo fim e de todo objetivo, de todo ideal, de toda metafísica, de toda linguagem de verdade, de todo fundamento. O vir a ser é injustificável, ou ele é para si mesmo sua própria legitimidade, e tudo o que podemos fazer é aceitá-lo ou não. A linha é clara, trata-se agora de opor *este único* mundo real aos mundos fictícios ideais.

O sentido vital do real

Após esse desvio para o vir a ser, reexaminemos o sentido antirrealista do perspectivismo vital, para melhor delimitar a argumentação de Nietzsche nos cadernos dedicados à vontade de poder, e a maneira como esta gradualmente vai nos conduzir em direção ao mundo real.

Há uma grande coesão entre os textos nietzschianos sobre o sentido vital do real que consiste em afirmar que este só é produzido ao mascarar o vir a ser. Durante a escrita de *A gaia ciência*, a reflexão sobre os "erros necessários à vida" (nossos conhecimentos jamais refletem o vir a ser; são, portanto, erros) encontra-se consideravelmente ampliada, a ponto de salientar a relação entre o vivente e o vir a ser. Nietzsche fez, então,

---

41 XIII, 9 (35).

esta descoberta essencial: a representação de que todo vivente precisa para viver e se manter vivo (os "filtros" e "ficções" interpostos ao caos e ao vir a ser, ou seja, nossas categorias) não coincide com a "fluidez absoluta" do mundo. A tese que então reaparece com maior frequência é a afirmação segundo a qual o mundo vivente é uma proteção contra o mundo que devém – caótico, cambiante, fortuito, imprevisível.

Para Nietzsche, tornou-se evidente que também no homem todas as faculdades de receptividade e de conhecimento têm uma função orgânica, ao mesmo tempo dissimuladora e falsificadora: esconder o real como vir a ser, restringir o real a nossas carências (transformando-o em um mundo estável).[42] Com bastante frequência reaparece a mesma asserção: o conhecimento não tem como objetivo principal conhecer o real; ele está a serviço da atividade formadora de todo vivente, constrói para ele um mundo *vivível*. Nestas condições, antes de tudo, a questão seria saber até que ponto poderíamos, como viventes, suportar um conhecimento que nos faria penetrar no real *fora de nós*, no próprio real que devém. Qual vivente suportaria ser colocado antes em um mundo que *devém* do que no mundo estável e fictício de suas carências? Se a necessidade de conhecer o real tal como ele é (ou seja, pura fluidez) se impusesse,

---

42 X, 26 (61); X, 26 (127): "Todo aparelho do conhecimento é um aparelho de abstração e simplificação que *não está orientado para o conhecimento*, mas para o *controle* das coisas". "Nosso aparelho de conhecimento não está equipado para o *conhecimento*." Ver também X, 25 (116): "Estabelecer algo *persistente*, pois não se *vê* a mudança. A aptidão para viver tira proveito dessa força *fabuladora*".

poderia ele apenas se incorporar à nossa vida, à vida?[43] Como dissemos, uma das maiores apostas da filosofia de Nietzsche será conciliar força vital e vir a ser, ao mostrar que somente vidas vigorosas têm os meios de fazer do vir a ser um instrumento de criação, e não mais um motivo de proteção.

> Que o valor do mundo reside em nossa interpretação [...], que *toda elevação do homem* comporta a superação de interpretações *mais limitadas*, que todo reforço alcança, toda extensão de poder abre *novas perspectivas* [...]. O mundo *que nos concerne* é falso, [...] ele é flutuante, assim como qualquer coisa que devém, como um erro movediço que se altera constantemente, que jamais se aproxima da verdade; pois não há verdade.[44]

Admitamos: a primeira inclinação da vida não é atribuir um sentimento de realidade ao vir a ser, mas encontrar o sentimento de uma realidade fictícia que assegure sua proteção. Outrossim, a tão vital função da razão destina-se a assegurar o vivente de sua existência, e não a conhecer o mundo exterior. Como Bergson e William James o farão mais tarde, como Schopenhauer o fez antes dele, Nietzsche torna indissociáveis a razão e o funcionamento da vida. *A utilidade vital* das categorias da razão é uma das peças mais decisivas dos fragmentos póstumos. O número de fragmentos póstumos dedicados a estabelecer essa relação funcional entre vida e razão, vida e categorização, a partir dos anos 1883, é muito significativo. Tudo se

---

43 V, *Le Gai Savoir*, §109.
44 XII, 2 (108).

passa como se os fragmentos dos cadernos preparatórios concluíssem uma vasta reflexão sobre esse assunto:

> A confiança na razão e suas categorias, na dialética, ou seja, a avaliação da lógica, só prova a utilidade desta para a vida, demonstrada pela experiência – não sua "verdade".[45]

Em outro texto, Nietzsche acrescenta:

> A vida está fundada sobre a pressuposição de uma crença em algo duradouro que retorna regularmente; quanto mais poderosa é a vida, tanto mais extenso deve ser o mundo previsível, por assim dizer, tornado essente. Logicização, racionalização, sistematização como expedientes da vida.[46]

Pode-se dizer que, em toda a história da filosofia, o papel da razão e da lógica, da confiança na razão e na lógica foi o que mais se prestou a uma compreensão equivocada. Superestimou-se a capacidade explicativa da razão (acesso ao ser), quando ela é apenas um instrumento de ascendência sobre o "mundo", um auxiliar da vida. Quanto mais poderosa é a vida, tanto mais domesticável, calculável e previsível deve ser o mundo do vir a ser. É a própria condição de sobrevivência da vida. É por isso que a noção de "mundo" não apresenta a mesma significação quando empregada num sentido perspectivista vital ou num sentido real, designando então esse fluxo sobre o qual a vida

---

45 XIII, 9 (38).

46 XIII, 9 (91). Hülfsmittel des Lebens também pode significar "auxiliares da vida", "instrumentos da vida".

age (vir a ser). Por vezes, encontramos esses dois sentidos na mesma frase:

> O "mundo aparente" então se reduz a um tipo específico de ação sobre o *mundo*, partindo de um centro (*Centrum*) [...].[47]

Esses textos buscam expressar que também a razão contribui para fabular um mundo vivível, para formar um mundo constante no seio da inconstância do vir a ser. Pode-se avaliar o estranho equívoco da metafísica que supôs que a razão nos fazia penetrar diretamente nos mistérios do ser. O inverso é verdadeiro: temos *confiança* na razão, em seus produtos, em suas categorias, na lógica – porque nos servem para organizar um mundo vital constante (e não um meio).[48] A razão é um instrumento de expansão da vida, uma das condições para sua manutenção num vir a ser fluente e imprevisível. Por mais estranho que pareça, a vida é promovida pela "logicização", "racionalização" e "sistematização" do mundo do vir a ser. O mundo que disso resulta é um mundo *simplificado*, reduzido, calculável, manejável, previsível, presumível; logo, uma "falsificação" do vir a ser. Admitamos: o que é *mundo* para o vivente não está mais relacionado com o mundo do vir a ser. É por

---

47 XIII, 14 (184).

48 Nietzsche com frequência associa o "meio" às teorias francesas (como a de Taine ou as de romancistas franceses, tal como Flaubert), que destacam o papel do meio e das circunstâncias na formação dos indivíduos: "A psicologia desses senhores Flaubert é, *in summa*, falsa: eles só percebem a ação do mundo exterior e o ego já formado (precisamente como Taine?)", X, 25 (182).

isso que os diferentes procedimentos da razão, as categorizações lógicas e as sistematizações são mais comumente considerados por Nietzsche "ficções" úteis à vida: *"mundo fictício do sujeito, da substância, da razão".* Eles jamais são o indício de uma verdade, mas de uma utilidade. No sentido próprio, são "expedientes da vida".

Certo é que, aquilo que tradicionalmente chamamos de verdade, mundo verdadeiro, mundo lógico e estável, são essas ficções necessárias à vida. De modo que podemos dizer que essas verdades são também não verdades, pois elas nada dizem sobre o próprio vir a ser. Mas se o vivente subsiste apenas para se proteger do vir a ser, que interesse teria, para um vivente, o conhecimento do vir a ser como vir a ser? Em nenhum livro essa certeza deixa de existir. E, desde 1885, já havia sido estabelecida a certeza de que a vida não se fia na verdade do vir a ser, que ela se protege dele, "o abjura" por todos os meios:

> Admitir que *a não verdade é a condição da vida*: sem dúvida, é uma forma terrível de abandonarmos nosso sentimento comum dos valores [...]. E, *afinal de contas, que poder foi esse que nos obrigou a abjurar "essa crença na verdade" senão a própria vida e seus instintos criadores fundamentais?*[49]

A gaia ciência desenvolverá esses pensamentos em dois importantes aforismos: "Origem do conhecimento" e "Origem da lógica":

---

49 XI, 35 (37).

NIETZSCHE – O MUNDO DA TERRA

A força dos conhecimentos não reside em seu grau de verdade, mas em sua antiguidade, em seu grau de assimilação, em seu caráter de *condição para a vida*.[50]

É reputado verdadeiro aquilo que concorda com uma propulsão de vida, e esse verdadeiro é uma não verdade em relação ao vir a ser. Portanto, a condição de toda e qualquer organização não é a verdade, e sim o erro (a não percepção do vir a ser). O que é a lógica da identidade, por exemplo, senão a necessidade (ilógica) da vida de reduzir o semelhante ao idêntico (a vida não suporta a prudência e o ceticismo: ela precisa reduzir o semelhante ao idêntico).[51] Mas ninguém pode afirmar que o vir a ser em si mesmo é lógico, idêntico ou estável.

É evidente que transformar a mais alta racionalidade em expediente da vida, em condição da vida, transformá-la num erro necessário à vida, constitui uma inversão sem precedente na história da filosofia. Pois é como se disséssemos que a gênese da razão é irracional, ilógica, que a sua condição é a própria vida. Tudo se passa como se a vida tivesse desenvolvido esse órganon racional para desenhar um mundo à sua medida. Os conceitos da razão não foram criados pela vida porque são verdadeiros, e sim porque são úteis para a vida. Esse processo é tão natural que em seguida esquecemos por que o mundo aparece para nós como lógico: de partida, nós o logicizamos.[52]

---

50 V, *Le Gai Savoir*, §110; §111.
51 V, *Le Gai Savoir*, §111.
52 XIII, 9 (144).

Acabamos acreditando que a lógica se encontra nas coisas, ao passo que ela é um arranjo do mundo *relativo à nossa existência*, um instrumento, um órgão (órganon), jamais o indício de uma realidade em si que seria lógica. Pode-se dizer que a lógica nunca teve um correlato nas coisas. Sua força reside em construir a ficção de um mundo necessário, isto é, de um mundo que *nos* é necessário. É essa ilusão de necessidade que, mais tarde, transferimos ao próprio ser. Porém, não podemos sustentar de modo nenhum que o "mundo real" seja lógico.

A lógica (tal como a geometria e a aritmética) só é válida para verdades fictícias que nós criamos. A lógica é a tentativa de compreender o mundo real *como um esquema do ser colocado por nós mesmos, a fim de torná-lo mais exato, exprimível, calculável para nós* [...].[53]

Nos cadernos sobre a vontade de poder, encontramos muitos textos que também assimilam os conceitos da razão a esquemas vitais. De fato, é preciso dizer que todas as nossas representações gerais são classificações ou simplificações, isto é, ficções sem qualquer realidade subjacente.

A *forma*, a *espécie*, a *lei*, a *ideia*, a *finalidade* – em tudo isso se comete o mesmo erro de introduzir furtivamente uma *falsa realidade sob uma ficção*.[54]

---

53 XII, 9 (144): "Fomos nós que criamos a 'coisa', a 'coisa igual', o sujeito, o predicado, o fazer, o objeto, a substância, a forma, após termos levado o mais longe possível a igualação, a *esquematização* [*Einfachmachen*] grosseira e simplificadora".

54 XIII, 9 (144).

Nietzsche repete incansavelmente o mesmo argumento: nossas noções não são verdadeiras em si, não têm realidade em si. Elas manifestam uma "coerção" vital: são apropriações, arranjos de mundo, maneiras de constituirmos um mundo vivível para nós. Por mais artificiais que sejam nossos conceitos – leis, formas, finalidades –, eles exprimem essa coerção vital de ter de viver, qual seja: a necessidade de um mundo adaptado à vida, manipulável pela vida, previsível para a vida, "um mundo calculável, simplificado, compreensível".[55]

Acaso não foi esse poderoso esquematismo vital (essa ascendência vital) que determinou todas as noções que a filosofia supôs ter descoberto no "em si"? Com que direito falamos de um mundo em si que comportaria coisas, objetos, substâncias, predicados? Tudo isso foi criado pela vida, ou pela *nossa* vida (a frequente expressão nietzschiana "fomos *nós* que criamos"). Por conseguinte, o pretenso mundo – dito "em si" – não se estende mais longe do que o autoriza uma *projeção* vital. Do mesmo modo, todas as nossas produções, todas as nossas representações (números, tempos, espaços...), "nós as projetamos segundo a mesma necessidade que leva a aranha a urdir sua teia".[56]

É preciso então admitir que nosso conhecimento não é uma criação contínua de verdades a propósito *do* mundo em si, mas a construção de valores destinados a *nos* assegurar de "nossa existência" em *nosso* mundo. Toda a aparelhagem conceitual da

---

55 XIII, 9 (144).
56 I**, *Vérité et mensonge au sens extra-moral*, p.286.

qual o homem se orgulha é apenas um instrumento de organização do mundo, jamais de penetração do mundo em profundidade. O sentimento de realidade não tem outra origem: lá, onde um mundo aparece, há uma maneira de apreender o real que deriva de um tipo de existência, de uma necessidade ligada à existência, de uma maneira de se autoafirmar, de se comprovar a si mesmo na existência. Criar mundo é tornar coerente a experiência numa ordem a cada vez diversa, mas que assim mesmo remete à dominação de um tipo de assunção do real, a um instinto formador, a uma perspectiva sobre o mundo. Foi precisamente o fato de que essa apropriação vital que determina o sentimento de realidade opera no conjunto de nossa categorização do mundo o que escapou a toda *doutrina da verdade*.

Assim, apesar da disparidade dos fragmentos póstumos dos cadernos preparatórios, pode-se notar que estes apresentam um estado da reflexão nietzschiana de grande coerência interna e que tem uma origem muito remota. O fragmento póstumo 9 (38), por exemplo, resume em expressões concisas e fulgurantes o caminho anterior desses pensamentos que determina que o conjunto de nossos meios de conhecer encontra-se sob o jugo de condições vitais de conservação e crescimento.

> A avaliação "eu acredito que isto e aquilo são assim", enquanto *essência* da "verdade" – *nas avaliações se exprimem condições de conservação e crescimento.* Todos os nossos *órgãos de conhecimento e dos sentidos* só foram desenvolvidos por conta das condições de conservação e crescimento.[57]

---

57 XIII, 9 (38).

Neste ponto, Nietzsche reafirma que a noção de mundo depende de relações de valores e que ela não tem sentido em si. Mais ainda: o valor do mundo *verdadeiro* encontra-se absolutamente indexado numa necessidade da vida, numa valoração para a vida.

> Eis a condição prévia a todo vivente e à sua vida. Logo, é necessário que algo *seja considerado* verdadeiro, não que algo *seja verdadeiro*. O "mundo verdadeiro" e o "mundo aparente": esta antinomia é por mim reconduzida a *relações de valor*. Nós projetamos nossas condições de conservação como *predicados do ser* em geral. A fim de prosperar, precisamos ser estáveis em nossa crença – disso concluímos que o mundo "verdadeiro" não é um *mundo cambiante* ou *deveniente*, mas um *mundo essente*.[58]

Compreendida a partir da vida, a linguagem da verdade muda consideravelmente de sentido. Os valores vitais não têm como objetivo alcançar o real em si. Eles não são sentidos como verdadeiros ou falsos na medida em que são adequados a esse real. É o inverso: são considerados verdadeiros (crença) os valores que exprimem condições de conservação e crescimento; é considerado verdadeiro aquele que garante a existência do vivente, aquele que permite sua expansão. Pelo fato de os afastarmos da vida, acreditamos que esses valores correspondiam a um verdadeiro em si, a uma realidade em si. Mas o verdadeiro

---

58 XIII, 9 (38). A tradução apresenta "essente" [*étant*], mas aqui se trata de "mundo essente" [*monde étant*]. Assim, Nietzsche fala mais de um mundo cambiante e deveniente do que de um mundo "em transformação" ("*die 'wahre' Welt keine wandelbare und werdende, sondern eine seiende ist*").

meio dos valores é a vida. A distribuição do verdadeiro e do não verdadeiro resulta dessa relação de valores. Vemos que, para uma filosofia da vida, nenhuma verdade é considerada verdadeira porque seria adequada à realidade; *pelo contrário, a realidade é o que um vivente considera verdadeiro.* Para um vivente, a única prova da verdade é aquilo que tem para ele um *sentido vital.* Por toda parte, na obra de Nietzsche, a acerba crítica da verdade procede dessa ênfase dada à vida. Não podemos ultrapassar este fato: enquanto viventes, consideramos verdadeiro somente o que assegura "nossa existência", o que torna nossa existência possível. Nada mais é verdadeiro.

Tal maneira de pensar não assinala, portanto, o fim da *ontologia realista?* Por ora, parece-nos que esses desenvolvimentos assinalam, antes, o fim de uma *ontologia da verdade*: o mundo verdadeiro que imaginamos não tem outra realidade senão a de apoiar nossa vida. Portanto, é a vida que nos separa de uma ontologia do verdadeiro, de um fundamento do verdadeiro. Para todo vivente, inclusive o homem, não existem coisas ou realidades em si às quais corresponderia uma verdade. O mundo em si é inacessível, não há nem ser nem substrato.[59] Doravante, o ser da tradição metafísica (substancial, permanente...) aparece pelo que ele é: uma ficção necessária à vida. O erro constitutivo da metafísica é ter "projetado" os instrumentos úteis à vida em "predicados do ser em geral", como se o

---

59 XIII, 10 (202).

ser abrangesse todas as ficções úteis à vida (ideias gerais, ideias lógicas, categorias de razão, valores…).

Afinal, esse antirrealismo do "em si" revela-se bastante cáustico: estamos separados de todo fundo, de todo fundamento, de toda coisa em si. Tornou-se mesmo possível aproximar esse antirrealismo vitalista a um pragmatismo utilitarista (na medida em que o pragmatismo consiste num utilitarismo) – contanto que se sublinhe o fato de que, em Nietzsche, o pragmatismo tem um embasamento vital, como, aliás, sucede na obra de William James: conhecer é uma função vital. O útil é precisamente o que tem um sentido vital. Todas as formas de vida, inclusive o intelecto e a razão, servem apenas para dispor as experiências segundo modalidades particulares, para organizar um mundo necessário ao vivente. Antes de tudo, Nietzsche deve essa grande descoberta a Schopenhauer – foi ele que mostrou que o intelecto obedece a "fins práticos", que é um instrumento da vida e do conhecimento do "em si"; foi ele que rompeu primeiramente com Kant neste ponto: "Uma filosofia como a de Kant, que ignora totalmente esta maneira de considerar o intelecto, é estreita e, por isso mesmo, insuficiente".[60] Portanto, o papel da atividade de conhecimento não consiste em *conhecer a realidade*, mas em permitir que a vida se apoie sobre um mundo que não muda, que se conserva, sobre o qual é possível agir. Dessa linha de pensamento, que vai do perspectivismo vital ao

---

60 Arthur Schopenhauer, *Le Monde comme volonté et comme représentation*, p.1000.

papel das categorias, ao lugar do vir a ser para a vida, segue-se que a antiga teoria do conhecimento que abstraía da vida não é mais possível.

A psicologia evolucionista de Konrad Lorenz, ao considerar que as categorias kantianas são fruto da evolução, que elas são, portanto, um órganon vital, e que a ciência é ainda uma maneira de o humano se adaptar ao seu meio, não estará muito afastada das grandes intuições nietzschianas. Leitor de Nietzsche, Konrad Lorenz poderá assim escrever: "Acaso a razão humana não é, com todas as suas categorias e suas formas de intuição, assim como o cérebro humano, precisamente o produto de uma evolução orgânica?".[61] Lorenz julgará que, se a construção desse aparelho *a priori* depende da evolução (logo, ele não é *a priori*, mas um recomeço incessante da relação com o real por meio da evolução), ele, por outro lado, não existe dissociado da realidade. Ao contrário do que afirma Nietzsche, a forma que assume a aparência do mundo contém necessariamente uma relação com o real, na medida em que os esforços adaptativos se chocam incansavelmente com esse real. Nossas categorias e esquemas são formas *de ajustamento* ao mundo. O que significa que eles não estão separados do real. Assim como a nadadeira do peixe está adaptada às propriedades da água, o casco do cavalo ao solo firme, a razão humana está tão bem ajustada ao mundo exterior que suas leis não podem ser desprovidas de analogia com o mundo exterior. A função vital do nosso apare-

---

61 Konrad Lorenz, *L'Homme dans le fleuve du vivant*, p.100.

lho perceptivo e cognitivo supõe uma interação com a realidade que torna impensável uma separação radical desta última. Até onde vai esse ajustamento ao real? Acaso ele é um conhecimento absoluto do real? Lorenz pensa que, antes, nossas categorias são "compartimentos grosseiros" nos quais encerramos a realidade exterior. Ele não lhes concede "nenhuma validade absoluta", somente um valor de conhecimento relativo que resulta de seu êxito no campo evolutivo. Mas é evidente que esse êxito não diz tudo sobre a realidade absoluta "que de modo algum pode depender do grau de exatidão com que ela se reflete no cérebro humano ou em qualquer outra forma orgânica temporária".[62] Assim, o mundo da mecânica quântica e das ondas escapa inteiramente às nossas formas de intuição e de percepção e às nossas categorias de causalidade, de substância e mesmo de quantidade.

Vê-se que Lorenz não reduz nosso aparelho *a priori* a uma completa falsificação do real; antes, enxerga aí uma ascendência superficial e limitada sobre ele (como uma fotografia que não pode ir além do grão da película), mas que não deixa de ter analogia com ele. A ciência faz avançar o conhecimento ao ultrapassar os limites intrínsecos do aparelho perceptivo, ao propor novas "hipóteses de trabalho", como o fez a evolução, sem que por isso possamos sustentar que ela alcança uma realidade absoluta. Portanto, Lorenz não julga que a percepção

---

62 Ibid., p.102.

da realidade da evolução seja "falsa"; antes, ela é parcial e limitada.[63] A posição de Nietzsche é um pouco diferente: nossos instrumentos de conhecimento são uma perspectiva vital sobre o real que não diz nada do real (falsidade, erro, ficção, falsificação); mas, de certa maneira, ele julga – ainda mais que Lorenz – que uma paixão do conhecimento maior (mais sensível ao sensível, com uma atenção mais verdadeira à ciência, ao evolucionismo, à radiação à distância dos corpos...) permitiria que certo tipo de vida se abrisse ao vir a ser enquanto tal e, assim, ao real, sem limitação.

O fim da verdade-adequação

Teria Nietzsche algum motivo para manter a definição de verdade como adequação ao real, considerando o que acabamos de dizer? Antes, a consequência mais decisiva da total primazia do vital sobre o conhecimento será conduzi-lo ao completo abandono da teoria da *verdade-adequação*. Esse abandono desempenha um papel significativo nos fragmentos sobre a vontade de poder que repetem sem cessar: nenhuma categoria produzida por um vivente é naturalmente "adequada" a um real

---

63 Em discussão com Nietzsche, Lorenz também questiona o papel das estruturas fixas e rígidas, orgânicas ou intelectuais, no ser vivo. Elas não são apenas negativas, mas um processo de diferenciação evolutivo: o ser vivo oscila entre plasticidade e rigidez. "Falso" é considerar essa rigidez (carapaças, instintos, aparelhos, órgãos, categorias...) como um "absoluto", deixando de enxergar o processo adaptável em operação.

em si. Cada qual é uma medida e uma perspectiva, uma valoração e uma formação de mundo. Ao contrário, o equívoco das doutrinas da verdade está em buscar uma verdade-adequação, uma concordância entre inteligência e real em si. Ao proceder assim, elas abstraem totalmente desse ator decisivo que mal conseguem compreender: o vivente.

Logo, é a adequação à verdade que, muito intensamente, muito consequentemente, torna-se uma aposta decisiva dos cadernos sobre a vontade de poder. Sabemos que, durante o século XIX, a verdade-adequação foi progressivamente abandonada por uma parte da filosofia. A opinião segundo a qual a verdade pode ser definida como adequação ao real é um mito que parece cada vez mais insustentável. Tal mitologia pressupõe que o real já se encontra totalmente constituído, que só nos resta encontrar sua via de acesso. Nos cadernos sobre a *Vontade de poder*, não é de estranhar que Nietzsche conteste que a verdade seja "descoberta", como se fôssemos viajantes perdidos no oceano do real, por vezes atracando em praias ou ilhotas mais seguras.

> A verdade não é algo que *existe para ser encontrado e descoberto* – mas algo a ser criado e que dá nome a um processo; mais ainda, a uma vontade de dominar que não encontra em si mesma nenhum fim: introduzir a verdade como *processus in infinitum* […].[64]

---

64 XIII, 9 (91).

A verdade não é a descoberta de uma região desconhecida, mas um processo infinito de criação, um recomeço incessante da nossa experiência. Um verdadeiro devaneio sobre o trajeto e a jornada marca a verdade-adequação. Um imaginário do que está por ser encontrado e descoberto, uma geografia do fundamento e do terreno a ser alcançado, como nas grandes viagens marítimas e nos mapas de tesouros. Todavia, o real não subsiste até que nos adequemos a ele, tal como uma ilhota estável no oceano da ignorância. Antes, vemos naquilo que nos parece verdadeiro um *constante recomeço* da *nossa experiência*. De maneira muito semelhante, William James assimila a verdade a um processo de *coerência* da experiência. Para ele, não se trata de negar que falamos sobre verdade ou que temos de nos haver com ela, mas de saber o que exatamente chamamos de verdade; mais precisamente, trata-se de saber como pretendemos encadear nossa experiência por meio dela. Pois a verdade é, antes de tudo, uma *força de ligação* da *nossa experiência*, não uma realidade em si: "Não há verdade objetiva, pura, verdade que se estabeleceria sem a intervenção da função que corresponde à necessidade que o indivíduo sente de unir as partes mais antigas de sua experiência às mais novas. As razões pelas quais afirmamos que as coisas são verdadeiras constituem a razão pela qual elas são verdadeiras, pois 'ser verdadeiro' significa simplesmente realizar essa *função de união*".[65]

---

65 William James, *Le Pragmatisme*, p.127-8.

Nietzsche não está muito distante dessa posição. Nós tomamos por verdadeira a atividade vital incessante de formação, de "falsificação" (ainda relativamente ao vir a ser, já que se cria algo estável), de coesão, de logicização, enfim, um verdadeiro meio de "coerir" a experiência.

Acaso não observamos melhor, doravante, por que as teorias da verdade se fundam numa estranha confusão? Para elas, o verdadeiro é uma questão de método, de caminho, de acesso a uma realidade em si. Elas não duvidam de que podem alcançar uma realidade em si. Mas jamais se perguntam: *quem* conhece? Foram incapazes de considerar o que significa exatamente conhecer para aquele que conhece; neste caso, para um vivente. Seu único problema era encontrar o caminho certo para alcançar o real; o real acabaria se desvelando se escolhêssemos o método correto, isto é, o caminho certo. Assim, a maior parte das filosofias da verdade divergiu quanto ao caminho a ser seguido, mas partilhou desse dogma poderoso, transformando o acesso ao real num problema de método ou percurso. Até o sensualismo desagrada a Nietzsche. Ele se engana quando julga que as sensações nos ensinam algo *verdadeiro* sobre o real. É preferível dizer que os sentidos nos instruem sobre o fato de que tudo é vir a ser e, portanto, não verdadeiro: as percepções contrárias de Platão são um bom modelo disso, um bom ponto de partida, que Platão anula, porém, ao defender a equivalência entre possibilidade do saber e não mudança.[66]

---

66 XIII, 9 (97).

Com efeito, os sentidos em si não são enganosos: eles mostram o vir a ser, lutam contra o vir a ser; é o que fazemos com eles que é enganoso: introduzir neles a razão e a busca de um fundamento, substância, objetividade, unidade, tempo contínuo: "Os sentidos não mentem *enquanto mostram o vir a ser*, o desaparecimento, a mudança [...]".[67] Permaneceremos sempre prisioneiros desse modelo da verdade-fundamento enquanto acreditarmos que conhecer e pensar alcançam um real imutável, como se o verdadeiro pudesse então ser "apreendido" no vivente.[68] Como se nossos conceitos e conhecimentos fossem somente conquistas de um real já constituído e verdadeiro, porções de terra estáveis no oceano do vir a ser; e nós, navegadores que buscam a direção certa para ali atracar.

Ainda que tomemos a sensação por modelo de método apropriado, ou, então, o princípio de não contradição, isso em nada não altera a longínqua história da adequação-verdade pela qual afirmamos que o real se oferece adequadamente, contanto que saibamos escolher o método certo de conhecimento. A crítica de Nietzsche nos cadernos sobre a *Vontade de poder* é interessante porque não tem como objeto o *modo* de conhecimento, mas o *modelo* desse conhecimento. Por exemplo, podemos julgar que as sensações "ensinam verdades sobre o real". Ou podemos afirmar que o real obedece ao princípio de

---

67 VIII, *Crépuscule des Idoles*, "La 'raison' dans la philosophie", §2.

68 Essa crença "de que um conceito não só define o verdadeiro de uma coisa, *mas o apreende*"; XIII, 9 (97).

não contradição, "como se dele tivéssemos desde já uma noção adquirida por outra via".[69] Precisamente porque nada é adquirido de antemão, como saber se o princípio de contradição é ou não é adequado ao real, como saber se as coisas obedecem ao princípio de contradição ou se, ao contrário, necessitamos do princípio de contradição para pensar as coisas sob a nossa perspectiva? O que é "pressuposto" pelo princípio de contradição, último princípio do conhecimento, princípio dos princípios? Que o real é não contraditório? Ou então que *devemos* utilizar esse princípio a fim de tornar o ente não contraditório, "para estabelecer um mundo que supostamente devemos chamar de verdadeiro *para nós*"? A resposta é evidente:

> A questão permanece aberta: os axiomas lógicos são adequados ao real, ou são critérios e meios próprios de *criar* para nós, previamente, algo real – o conceito de "realidade"? Para poder afirmar o primeiro ponto, desde já seria preciso conhecer o ente; o que não é o caso.[70]

A lógica da não contradição é uma maneira de criar um mundo sem que se possa saber se as coisas obedecem ou não ao princípio de contradição; ela mesma é criação de um mundo fictício onde as coisas se tornam calculáveis e previsíveis, sujeitas à identidade e à contradição. Não esqueçamos que essa linha de análise é muito antiga, pois desde o final de 1870 Nietzsche antecipa o problema: "Suspeito que as coisas e o

---

69 XIII, 9 (97).
70 XIII, 9 (97).

pensamento não se adequam entre si. Com efeito, na lógica reina o princípio de contradição, que *talvez* não valha para as coisas, as quais são distintas do oposto".[71] A lógica só poderia ser um arranjo da aparência, e a representação, um instrumento da ação. A sobrevalorização do lógico e da representação é atribuída, neste período, a Platão e Sócrates.

Nos cadernos de 1887-1888, o propósito é mais firme, o modelo da adequação é examinado de perto, brutalmente rejeitado. Vê-se que sensualismo ou logicismo só se opõem para propagar o mesmo modelo de adequação com dois critérios distintos. Mas saber se a sensação ou a lógica são adequadas ao real é algo a que é absolutamente impossível de responder. Para responder a semelhante questão, seria preciso saber o que é esse real que se busca precisamente conhecer.

No fundo, a inabalável crença contida na verdade-adequação equivale a sustentar que "podemos alcançar a verdade".[72] Detenhamo-nos por um momento nesse sentido da verdade, nessa *obtenção* da verdade. Com efeito, no imaginário da verdade existe toda uma fantasmática da apropriação, da captura, de um contato com o "em si", de um real à mão, de um fundamento que poderíamos abraçar. Nietzsche abole esse imaginário. Não se *captura* o real, não se pode alcançá-lo, abraçá-lo; precisamente porque ele consiste apenas numa

---

71 I*, 7 (110); I*, 5 (77): "O mundo das representações é o meio de nos manter-mos no mundo da ação [...]. A representação é um motivo para a ação". Ver também: I*, 5 (78); I*, 6 (7).

72 XIII, 9 (97).

interpretação, numa intensificação da *nossa* experiência. Na base desse imaginário, dessa busca por uma verdade, não haveria esse devaneio do simples, da idiotia, da pureza? O *"simplex sigillum veri"*, o *simples* como selo do verdadeiro. Fundir-se no puro, no simples: idiotia do real. Se apenas o simples se encontra nas coisas, ele testemunha somente o que tem um valor para nós. O simples jamais difere do simplificado, daquilo que atribui à vida um sentimento exacerbado de força. Um mundo simplificado tem mais valor para a vida, assegura-lhe um sentimento de maior poder, pois torna possível uma ação mais sustentada, mais bem dirigida, mais em contato com o mundo. O simples não designa uma concordância do real com o intelecto, ele apenas resulta desse "sentimento de força e de segurança".[73]

Escolher entre as teorias do conhecimento que divergem quanto ao melhor critério para alcançar o verdadeiro – sensação, razão, simplicidade – é impossível e, mais ainda, inútil. Pois já se trata aí de *capturas do real*, valorações do real, um imperativo "quanto ao que deve concernir ao verdadeiro". É preciso rejeitar integralmente a doutrina da verdade com seus pressupostos. Se a seguirmos até o fim, a crítica da doutrina da verdade nos conduzirá a uma total inversão *da gênese do verdadeiro*. Não chamaremos mais de verdadeiro o que é real, mas chamaremos de real o que é considerado verdadeiro em relação a uma excitação do poder, a um sentimento de poder exacerbado, a

---

73 XIII, 9 (91).

um poder expandido de agir ou perceber.[74] Profunda inversão: a verdade não designa uma realidade que nos precede, ela sempre resulta de uma avaliação. Imaginou-se que o conhecimento se apoiava no "saber positivo", ou num fundamento; admitamos que não é o caso: ele consiste em avaliações. Os sentimentos valorativos são "decisivos quanto ao problema da *realidade*".[75] São eles que produzem a realidade, nada mais.

O exemplo escolhido por Nietzsche da evolução do pensamento hindu é bastante eloquente:

> A *negação* budista da realidade em geral (aparência = sofrimento) é uma consequência exemplar: não demonstrabilidade, inacessibilidade, falta de categorias não só para um "mundo em si", mas também *compreensão dos procedimentos errôneos* por meio dos quais esse conceito de realidade foi obtido em sua totalidade. "Realidade absoluta", "ser em si" – uma contradição. Em um mundo que *devém*, a realidade sempre é apenas uma *simplificação* para fins práticos ou uma *ilusão* fundada em órgãos grosseiros, ou uma variação no *ritmo* do vir a ser.[76]

O que está em jogo aqui? Qual é o valor que predomina diante do problema da realidade? Por que o budismo terminou por desrealizar a realidade? Por que ele adotou um "rigoroso fenomenalismo", como dirá mais tarde *O Anticristo*? Como o budismo acabou negando toda realidade em si, toda realidade em geral? Seria preciso indicar o que esteve em causa

---

74 XIII, 9 (91).

75 XIII, 9 (62).

76 XIII, 9 (62).

nessa avaliação. Porém, sondar o que se oculta sob os valores exige uma arte muito específica. É interessante perceber que Nietzsche vincula aqui o budismo à questão da realidade. Como se o budismo tivesse tomado consciência dos "procedimentos errôneos" pelos quais forjamos o conceito de realidade. O budismo teria compreendido que, no fundo, toda realidade é apenas uma imobilização prática, momentânea e ilusória do vir a ser; e que, portanto, tudo o que chamamos de realidade é apenas ilusão. A "negação budista da realidade em geral" seria a consequência dessa compreensão: não há nenhum em si, o mundo em si é indemonstrável, inacessível. Há apenas um mundo que devém. O que chamamos de realidade são "simplificações" práticas, "ilusões" orgânicas que substituíram erroneamente o mundo do vir a ser. Em si mesmo, o mundo é apenas sofrimento e sucessão ilógica. Ao compreender que toda realidade é ilusória, que o mundo em si é inacessível, o budismo terminou por desrealizar o mundo em si, acabou *negando* a "realidade absoluta".

Esse texto mostra de novo a importância, para Nietzsche, de uma vasta explicação que envolve os conceitos de realidade e verdade, a ponto de a religião budista também lhe parecer uma resposta ao problema do conteúdo da realidade. Aqui, tudo se passa como se o budismo resultasse de uma progressão de pensamento sobre a inconsistência dos procedimentos para apreender o real. Logo, Nietzsche faz o segredo do budismo consistir nesta convicção adquirida – segundo a qual não podemos alcançar ou demonstrar uma realidade absoluta – de que estamos definitivamente imersos em um mundo de vir a ser e de sofrimento.

Essa análise do budismo já nos põe na direção do niilismo. Não é toda filosofia nova que deve partir daí: não há verdade que corresponda a uma realidade intangível. Nietzsche chama de "niilismo extremo" essa compreensão de uma absoluta perda de fundamento da verdade. É preciso então se resignar? É preciso preconizar uma ética da resignação diante desse mundo desprovido de realidade absoluta? Será que a modernidade não é um "segundo budismo", uma resignação perante o mundo igualmente desprovido de verdade? Será que, pelo contrário, não podemos ver nessa ausência de verdade o terreno mais fértil para a criação? Num fragmento com subtítulo eloquente ("Pressupostos dessa hipótese", qual seja, a hipótese do niilismo ativo que *recusa toda verdade em si*), Nietzsche associa a filosofia nova, o futuro da cultura e a renovação criativa das forças à hipótese de que não há nenhuma verdade. Como nenhuma *realidade* corresponde a uma criação de valor; dado que não há *correspondência* entre valores e realidade; já que os valores não têm a função de se adequar ou não a uma realidade em si, nada mais resta a não ser transformá-los em "sintomas" de força, ou seja, direções de força.

Doravante, é uma sintomatologia das forças vitais que substituirá as doutrinas da verdade; é o problema da crença no verdadeiro que substituirá a questão da verdade. De que tipo de força vital depende um valor? De quais forças? Um valor ou uma crença são o sintoma de quê? Eis o novo horizonte. O ponto de partida do niilismo é efetivamente a morte da verdade-adequação, o fato extremo de que nenhuma "realidade corresponde a um valor", de que tudo o que se chama de realidade é somente um "sintoma de força".

> Pressupostos dessa hipótese: não há verdade, não há nenhuma *confirmação absoluta das coisas*, nenhuma "coisa em si" – isso mesmo é um niilismo e, sem dúvida, o mais extremo. Ele coloca o valor das coisas precisamente no fato de que *nenhuma* realidade corresponde a esse valor, mas apenas um sintoma de força *entre aqueles que instituíram valores*, uma simplificação que tem *por finalidade* a vida.[77]

No espírito de Nietzsche, doravante haverá essa clara certeza de que o desacoplamento dos valores e da realidade envolve a filosofia numa renovação de nossa maneira de pensar (esse niilismo *extremo* que constata o fim da verdade-adequação). A verdade-adequação se enfraquece. A necessidade de abordar as doutrinas da verdade é mais bem compreendida nesses fragmentos de 1887-1888. Era preciso recusar a tese segundo a qual a verdade pode ser adequada a uma *realidade imutável*, tal como essas doutrinas realistas a entendem.

A crença como verdade

Com a vontade de verdade, a análise da verdade encontra seu desfecho e, além disso, seu ponto de inversão. Outra

---

77 XIII, 9 (35).

investigação se inicia. Não se trata mais de perguntar "o que é verdadeiro?", "o que é o real?", mas, antes, *quem* tem *necessidade* de acreditar na verdade?", *quem* tem *necessidade* de um mundo verdadeiro?". Como o verdadeiro não existe, já que é sempre um "tomar-por-verdadeiro" que equivale à verdade, então é aquele que toma por verdadeiro que forma a base de uma nova compreensão.[78] Essa substituição da crença pela verdade é um ato decisivo dos cadernos sobre a *Vontade de poder*. Os sistemas de crenças são modos de valoração da experiência cuja gênese deve ser estudada.

"Uma crença geralmente exprime a coerção de condições existenciais, uma submissão à autoridade das circunstâncias nas quais um ser prospera, cresce, adquire poder".[79]

Em outro fragmento, Nietzsche pergunta:

> O que é uma crença? Como ela se forma? Toda crença é um tomar-por-verdadeiro. A forma extrema de niilismo seria: toda crença – ou tomar-por-verdadeiro – é necessariamente falsa; pois, em absoluto, não há o mundo verdadeiro. Logo: uma ilusão de perspectiva cuja origem reside em nós mesmos (na medida em que, continuamente, *temos necessidade* de um mundo restrito, abreviado, simplificado).[80]

O que se deve entender, aqui, por crença? Uma relação com outro mundo, com um mundo divino, suprassensível? Muito pelo contrário: toda crença é, antes de tudo, uma maneira de

---

78 XIII, 9 (42).
79 XIII, 9 (35).
80 XIII, 9 (41).

compor *sua existência* com este mundo, uma roupagem de mundo privilegiada. Toda crença exprime um apego a condições de vida, uma interiorização das condições de vida. A crença é a única verdade. Portanto, uma genealogia das crenças é necessária; ela se tornará um aspecto fundamental da filosofia de Nietzsche. Com efeito, sustentar que não há mais verdade é afirmar que só há crenças necessariamente "falsas" e que estas são modos de valoração da vida. A base do niilismo reside nesta negação definitiva da verdade.

Mas, se tudo é uma questão de crença, por que acreditar no verdadeiro, acreditar somente no verdadeiro? Como dizíamos, a questão não é mais a verdade, mas saber por que se acredita na verdade. O que se cristalizou sob essa crença? O que atesta a vontade exaltada de busca pela verdade? O que significa a história filosófica da busca pela verdade? Essa história foi algo diferente da história... de uma poderosa crença? Tal é o enigma da vontade de verdade. Desde o primeiro fragmento sobre a *Vontade de poder*, a importância desse tema é acentuada:

> Esse desenvolvimento da filosofia em sua totalidade como história do desenvolvimento da *vontade de verdade*. A sua própria reconsideração.[81]

A história da filosofia, em sua totalidade, afirmou-se como busca objetiva da verdade. Mas ela não era essencialmente vontade de que houvesse um mundo verdadeiro, vontade de acreditar em um mundo verdadeiro? Sem tomar a busca da verdade

---

81 XIII, 9 (1).

como um fato, Nietzsche transforma a *vontade* de verdade em eixo central da filosofia ocidental. A verdade não é apreciada pela conformidade ao real em si, mas pela *vontade* de que haja um real em si. Com efeito, a questão "quem deseja um mundo verdadeiro?" é equivalente à pergunta "quem precisa acreditar em um mundo verdadeiro?". A genealogia da vontade de verdade é, *ipso facto*, genealogia das crenças no verdadeiro e dos tipos de poder que lhes servem de base. O fato é que esses tipos de crenças não projetam os mesmos mundos. Observemos que, do ponto de vista da crença, a vontade de verdade é o antônimo da vontade de poder. A vontade de verdade se opõe traço por traço à vontade de poder, assim como o mundo da vontade de verdade é o oposto do mundo da vontade de poder. Entre esta e aquela vontade, o mundo não apresenta de modo algum o mesmo aspecto. O mundo da vontade de poder resplandece em seu brilho luminoso, indiferente às finalidades humanas, inumano, ao passo que os obscuros além-mundos da vontade de verdade encerram o humano em si mesmo, em *seu* mundo verdadeiro. Contrariamente ao mundo que não muda, ao mundo humanizado, o mundo da vontade de poder é esse mundo cambiante das forças, indiferente ao homem, multidão sem objetivo nem fim, eterno retorno além do bem e do mal, esse mundo relacional sem ponto fixo, desdivinizado, essa graça imanente, a afirmação ilimitada de cada coisa no eterno retorno. Contra a graça única de Cristo – o mundo salvo de uma vez por todas –, a graça imanente, afirmada a cada vez, para cada coisa, infinitamente:

Nietzsche – O mundo da Terra

> E vós sabeis o que é "o mundo" para mim? Quereis que eu vo-lo apresente em meu espelho? Este mundo: um prodígio de forças sem começo nem fim; um somatório fixo de forças, duro como o bronze, que não aumenta nem diminui, que não se desgasta, cuja totalidade é uma grandeza invariável, uma economia em que não há despesas nem perdas, tampouco crescimento e excedentes.[82]

Nesse texto célebre, é ainda a noção de "mundo" posta entre aspas (para insistir em seu novo sentido) que está em jogo. Trata-se de opor ao mundo da vontade de verdade o "mundo da vontade de poder". Nietzsche fala do *seu* mundo, mas esse mundo não é só uma interpretação, é uma interpretação imposta pelo próprio real, que se manifesta na própria vida, ou seja, no próprio Nietzsche. Ela exprime o processo das forças em ação no vir a ser. É por isso que a força que irrompe no mundo é descrita como una e múltipla, mudança incessante, gigantesca metamorfose das formas, eterno retorno, "um vir a ser que não conhece saciedade nem repulsa nem lassidão – eis meu universo dionisíaco que se cria e se aniquila eternamente".

O mais próximo do vir a ser, "além do bem e do mal" e, portanto, evitando os acréscimos morais e psicológicos, eis o mundo que *se pode* conceber:

> Esse mundo misterioso das duplas volúpias, eis o meu além do bem e do mal, sem objetivo; a menos que a felicidade de ter completado o ciclo não seja um objetivo, a menos que um anel não tenha a boa vontade de girar eternamente sobre si mesmo – quereis *um nome* para esse universo? Uma solução

---

82 XI, 38 (12).

para todos os enigmas? Até mesmo uma luz para vós, os mais tenebrosos, os mais secretos, os mais fortes e os mais intrépidos de todos os espíritos? Esse mundo é a vontade de poder – e *nada além disso*! E vós sois essa vontade de poder – e *nada além disso*![83]

Esse "o que é 'o mundo' para mim" exprime, por conseguinte, uma nova vontade e uma nova crença. Mas Nietzsche não nos oferece aqui apenas a *sua* compreensão do mundo, mas uma transformação vital. Trata-se de *sentir em sua vida* a irrupção da necessidade de tal mundo, seu valor para a vida, sua realidade para a vida. Nesse plano vital, relação ontológica das forças e interpretação são indissociáveis. Sempre será possível invocar a ambiguidade dos textos de Nietzsche – esta decorre do fato de que eles nos situam simultaneamente na vertente de uma interpretação do mundo (em que acreditamos? sabeis o que é o mundo *para mim?*) e na vertente de uma realidade do mundo (quais forças se exercem em nós?, qual é esse mundo de forças?). Aqui, mais uma vez, é impossível excluir essa realidade da argumentação nietzschiana, contentando-se em dizer que Nietzsche interpreta. Interpretação e jogo das forças caminham conjuntamente. É por isso que o conceito de vontade de poder rompe os ferrolhos da vida-conservação (encarceramento): ele traça um plano de natureza que leva em conta o vir a ser, que se funda apenas no vir a ser. Esse plano não se encontra dentro de nós sem estar fora de nós. Acaso não é esse o próprio sentido do

---

83 XI, 38 (12). Modificamos a tradução da última frase, que não é próxima o bastante do texto.

enunciado "nada é 'exterior' à vontade de poder ('*nichts außerdem*' significa literalmente 'nada de exterior', e não apenas 'nada mais'), tudo exprime uma relação de forças"? Com efeito, a hipótese da vontade de poder nos indica que todo ser encerra uma forma de poder, manifesta um complexo de forças e "nada mais". O fato de que nada seja extrínseco à vontade de poder significa muito precisamente que a vontade de poder é a *forma interna* de tudo o que é, a relação de forças que tudo produz. Esse plano de natureza mescla todos os seres e todas as interpretações. As interpretações não precedem esse plano, elas resultam dele. Cada ponto de força engendra sua interpretação, mas a lei geral das interpretações é a vontade de poder. A hipótese da vontade de poder é, por conseguinte, a hipótese mais apropriada à percepção do vir a ser, pois ela não precisa de nenhum acréscimo exterior, psicológico, transcendente. Mas será necessária uma forma de vida mais fina, mais sutil, sobretudo mais forte, para que a natureza assim apareça, em sua nudez total, sem expedientes, sem divinização e antropomorfismo – puro exercício das forças.

Acrescentemos que a vontade de verdade também deve ser considerada uma forma de vontade de poder, um complexo de forças, uma realidade ativa. Ela também é um polo da vontade de poder, ela igualmente manifesta certo grau de poder.[84] Enquanto interpretação de mundo, enquanto crença no mundo, ela também apenas exprime uma forma de poder; mas este

---

84 "La volonté de vérité en tant que volonté de puissance"; XIII, 9 (36).

é um poder enfraquecido, infecundo. Seu traço dominante é o desejo de um mundo pronto, já criado, a incapacidade de criar seu mundo. Portanto, em suas implicações mais profundas, devemos apreender a vontade de verdade como recusa *de criar seu mundo*. Devemos decifrá-la mediante suas crenças, devemos adivinhá-la em seus valores dominantes, em sua maneira de ver o mundo. Por trás de toda vontade há um desejo, uma relação de forças que se exprime e se traduz numa crença, numa maneira de produzir mundo. Que relação de forças pôde engendrar a necessidade de acreditar em um "mundo restrito, abreviado, simplificado"?[85] Por que razão a filosofia precisou acreditar nesse mundo verdadeiro? Tal é o sentido da genealogia da vontade de verdade: ela consiste em examinar por que a crença no verdadeiro ganhou corpo com a filosofia. Muitas forças, invenções, poderes trabalharam para edificar o mundo da verdade. Mas apenas a investigação genealógica é capaz de decifrar o sentido das crenças que acompanham o desejo de um mundo verdadeiro.

A vontade de verdade se funda principalmente sobre o firme desejo de encontrar um *mundo que permaneça*. "Manifestamente, a vontade de verdade é aqui o simples desejo de se sentir em *um mundo daquilo que permanece*".[86] Tocamos aqui o núcleo mais central da vontade de verdade, que, a um só tempo, abrange a teoria do conhecimento e a ética, o verda-

---

85 XIII, 9 (41).
86 XIII, 9 (60).

deiro e o bem: um "mundo que não se contradiz, nem engana nem muda, um mundo *verdadeiro*", imutável, lógico, eterno. Vimos que a vontade de verdade postula um "mundo tal como ele deveria ser", que ela sustenta que o mundo é precisamente o que deveria ser segundo as leis da verdade.[87] Conforme esse entendimento, o único mundo é o mundo estabilizado da verdade; e, do mesmo modo, a ética sustenta que a "felicidade suprema" reside na estabilidade, "que felicidade e mudança se excluem mutuamente".[88]

Esse é essencialmente o sentido da vontade de verdade, esse profundo desejo de não mudança, o temor da mudança, do inesperado, do imprevisível; no fundo, o medo de sofrer. Por trás desse ideal de não mudança, há essa origem psicológica, uma profunda desconfiança do vir a ser, a qual se confunde com a causa de todo sofrimento. É bastante evidente que o ideal de imutabilidade, permanência e eternidade não é, antes de tudo, intelectual: há uma causa vital, ele provém da conjuração entre toda vida contra aquilo que pode ameaçá-la, causar-lhe sofrimento. Um mundo imutável, perene, é um mundo tranquilizador, previsível, sem perigos. A vontade de verdade valoriza esse mundo morto, por falta de força para enfrentar o mundo tal como ele é. O mundo da verdade se assemelha a esse mundo fossilizado, petrificado, mumificado, egípcio, como dirá mais tarde o *Crepúsculo dos ídolos*. Mundo morto do *monotono-ontos*,

---

87 XIII, 9 (60).
88 XIII, 9 (60).

do ser único, incapaz de suportar os seres plurais, do "monotono-teísmo", do único Deus cristão, incapaz de rivalizar com os deuses do politeísmo, mundo monótono e sem vida.[89] Esses mundos não têm outra justificação a não ser o grande temor de estar entregue ao sofrimento da mudança e do vir a ser, da pluralidade e da diversidade, do combate e da contenda.

Em suma, a ficção de um real em si que não muda, a valoração de um verdadeiro em si, que constituiu a *interpretação dominante* na filosofia e na humanidade, apoia-se sobre este único motivo: o medo do vir a ser, o medo vital da mudança. Nos fragmentos preparatórios para *A gaia ciência*, de modo muito especial, já se encontrava uma insistente reflexão sobre o que poderia ter levado a vida a valorizar o estável em vez do fluxo, o eterno em vez do cambiante, ou seja, essas ficções necessárias ao vivente para conceber o real (os erros necessários à vida) e estabilizá-lo. Esse ideal de um mundo que não muda exprime essa profunda tensão entre o fluxo do mundo e a necessidade de um vivente nele inserir uma ação possível e evitar qualquer desprazer ou sofrimento. É evidente que a vida só poderia perdurar mediante uma espécie de enquadramento do mundo. Porém, uma coisa é o fato de que o vivente tenha tido necessidade de conceber o real como estabilizado, outra coisa é o fato de que o conhecimento humano tenha inoculado a estabilidade na essência do real.

---

89 Sobre a expressão "monotono-teísmo", ver XIV, 17 (4); ver também *Crépuscule des idoles*, "La Raison dans la philosophie", §1; *L'Antéchrist*, §19.

Num fragmento capital, Nietzsche esboça, com traços largos, uma história da humanidade como história da verdade, da crença na verdade, por medo do sofrimento:

> Enorme *retorno a si mesmo* [*Selbstbesinnung*], tomar consciência de si não enquanto indivíduo, mas enquanto humanidade. Quando retornamos a nós mesmos, pensamos retrospectivamente: seguimos por caminhos grandes e pequenos. O homem busca a "verdade", um mundo que não se contradiga, nem iluda, nem mude, um mundo *verdadeiro*, um mundo onde não se sofre; contradição, ilusão, mudança: causas do sofrimento. Ele não duvida que haja um mundo tal como deveria ser; ele gostaria de buscar o caminho que leva a ele […]. De onde, então, o homem toma aqui o conceito de realidade?[90]

O indivíduo não tem importância. O que importa é tomar a humanidade como tendência, retornar ao que fez sentido para a humanidade. Na história da humanidade, houve uma profunda desconfiança acerca daquilo que devém, o "desejo supremo" de se tornar um com "aquilo que é", a vontade de encontrar "um caminho" para o mundo verdadeiro, inalterado, imutável. Que tipo de homem prevaleceu nessa humanidade? Qual "conceito de realidade" foi seu motor? Por que essa constante evasiva do sofrimento, que o identifica com a "contradição", a "ilusão", a "mudança"? Poder-se-ia definir a psicologia como a arte das consequências, a arte de passar dos consequentes aos antecedentes. Nesse caso, uma crença já é um resultado, uma consequência. É possível que a crença no verdadeiro derive de uma

---

90 XIII, 9 (60).

impotência mais fundamental, da incapacidade de criar, de uma vontade astênica. Pois, para além dessa necessidade do vivente de formar um mundo estável e não cambiante no qual possa dispor sua ação, *acreditar* nesse *mundo em si* atesta uma inclinação psicológica muito especial, uma necessidade de *hipostasiar* as categorias vitais em um verdadeiro mundo imutável.

O mesmo fragmento póstumo nos fornece o sentido oculto dessa crença. Acabamos de afirmar que o fundamento da crença no verdadeiro é a total falta de confiança associada ao vir a ser, a definitiva impossibilidade de dar o menor crédito ao vir a ser. Acredita-se no ente quando se desconfia do vir a ser, quando não se pode *acreditar* no vir a ser. Busca-se então um mundo morto, tem-se necessidade de um mundo morto, pois a mudança é a origem da maior desconfiança.

> A crença no ente revela-se apenas como uma consequência: o *primum mobile* é a descrença propriamente dita. A descrença no vir a ser, desconfiança em relação ao que devém, o menosprezo por todo vir a ser [...].[91]

Também acabamos de observar que, no fundo, a crença no estável esconde apenas uma repulsa ao sofrimento associado ao vir a ser, um medo ligado à mudança. Porém, por trás deles há o medo de criar, ainda mais implacável. Nos cadernos sobre a *Vontade de poder*, Nietzsche remete a necessidade de acreditar em um mundo verdadeiro a um tipo psicológico, a um tipo de vontade de poder. O que se manifesta na vontade de verdade *do*

---

91 XIII, 9 (60).

homem, na necessidade irrefreável de um real estável e não contraditório, de um mundo imutável, não cambiante, eterno, é, com efeito, a incapacidade do homem para produzir o *seu* mundo, para criar um mundo novo, o desejo secreto de se refugiar em um mundo já constituído, petrificado. Essa questão afeta a humanidade como um todo; logo, é preciso situar-se na história total da humanidade para apreciar a função do conceito de verdade. A crença no mundo verdadeiro manifesta uma impotência fundamental para criar *seu mundo, ela concerne a um tipo vital e psicológico:*

> Que tipo de homem pensa assim? Um tipo sofredor, improdutivo; um tipo cansado de viver. Se imaginarmos o tipo oposto de homem, este não teria mais a *necessidade da crença no ente*; ele inclusive a desprezaria enquanto necessidade de crer em algo morto, enfadonho, indiferente [...].[92]

A incapacidade de criar é o arcano secreto da vontade de verdade, a busca de um mundo verdadeiro já dado não tem outra origem. É sintomático o fato de que Nietzsche mencione aqui um tipo de vida. Não é a vida como um todo que se imobiliza no ente e na verdade. A busca de verdade é a expressão de *certa* forma de vida, da vida esgotada, "sofredora, improdutiva", caracterizada pela incapacidade de criar.[93]

> Com efeito, existe a crença no fato de que o mundo – que deveria ser – é: trata-se de uma crença dos improdutivos, que não querem criar um mundo

---

92 XIII, 9 (60).
93 XIII, 9 (60).

tal como deve ser. Eles o admitem como dado, buscam os meios e as vias para alcançá-lo. *Vontade de verdade como impotência da vontade de criar.*[94]

Como alguém pode se enganar tanto? Como alguém poderia acreditar que se falava sobre verdade, em se tratando da vontade de verdade? A vontade de verdade não é movida pelo desejo de verdade, ela atesta uma apropriação do mundo por *"um tipo determinado de viventes"*, ela exprime uma necessidade de conservação quando a força de criar desaparece. A vontade de verdade é a forma assumida pela vontade de poder declinante, uma perda de força, como dizia Nietzsche, desde o outono de 1885, muito antes desses cadernos:

> Quão profundamente "a vontade de verdade" se introduz nas coisas? [...] Assim, chegamos a esta solução: "a vontade de verdade" se desenvolve a serviço da "vontade de poder": mais precisamente, sua tarefa é auxiliar um tipo determinado de *não verdade* a vencer e perdurar, consiste em fazer de um conjunto estruturado de erros o *fundamento da conservação de um tipo determinado de viventes.*[95]

Alguns meses depois, no prólogo de 1886 de *A gaia ciência*, Nietzsche de novo associa essa vontade de verdade à busca de profundidade e fundamento, para lhe contrapor o mundo cintilante da aparência grega, a vida das belas formas, cuja dimensão apolínea será observada nesse texto (Apolo sonoro; Apolo, o luminoso; Apolo, Deus das cidades, da arquitetura e das artes).

---

94 XIII, 9 (60).
95 XI, 43 (1).

Acaso a verdadeira profundidade não equivale a ser sem profundidade, sem fundo a desvelar, liberta do desejo indecente que consiste em querer levantar o véu sobre as partes íntimas da natureza (metáfora das *pudenda*, do fundamento), liberta também da necessidade de "tudo compreender"? A verdadeira profundidade consiste em assumir sua alma artística contra a mumificação egípcia do mundo. O que significa compreender tudo a não ser o desejo insensato de comunicar totalmente com o ser, de fundir-se com o uno, alma imóvel e em repouso no silêncio do mundo? O desejo de verdade esconde um mal profundo:

> Não acreditamos mais que a verdade continue verdade assim que o seu véu é retirado: vivemos demasiado para acreditar nisso. Hoje é, para nós, uma questão de decência não conseguir ver tudo desnudado, nem assistir a todo ato, nem querer tudo compreender e tudo "saber".[96]

O desejo de verdade, indecente e impudico, é um desejo de ver o fundamento da natureza, ao passo que esta é pura aparência, movimento das aparências...

> Aviso aos filósofos! Deveríamos estimar mais o pudor com o qual a natureza se dissimula por trás dos enigmas e das incertezas variadas. Talvez a verdade seja uma mulher que tem boas razões para não deixar ver seu fundamento? Talvez o seu nome, para falar grego, seja Baubo? [...] Oh, esses gregos, como entendiam do viver! Para tanto, é preciso deter-se corajosamente na superfície, na dobra, na epiderme, adorar a aparência, acreditar nas formas, nos sons, em todo o Olimpo da aparência! Esses gregos eram

---

96 Prólogo de 1886 de *A gaia ciência*.

superficiais – por profundidade. E não é exatamente a isso que retornamos, nós, temerários do espírito [...]?[97]

Diante dessa vontade de verdade, de desvelar; diante dessa preocupação rasa de profundidade; diante dessa indecência – ao querer tudo compreender –, outra aspiração à verdade será percebida desde os anos 1885: uma verdade que aspirará a um conhecimento de outro tipo, à desconfiança, à contradição, ao jogo, uma verdade em disputa com os erros necessários à vida, uma paixão do conhecimento maior, mais livre, mais feroz, mais alegre, mais nuançada. Todavia, até que ponto essa verdade sem fundo, abatida, poderá ser incorporada à vida? Eis a questão decisiva. "Em relação à importância dessa luta, todo o resto é indiferente".[98] O vir a ser, o impermanente, a vontade de poder e o eterno retorno serão capazes de se incorporar à vida, de *constituir mundo para a vida*? Eis a questão última. Por meio de nossa força artística, e somente por meio dela, seremos capazes de assumir este mundo-aí, o único que existe?

O mundo metafísico

A mesma questão psicológica pode ser feita aos edificadores de "mundos metafísicos"? Querer tais mundos não é também um sintoma? É possível que o mundo metafísico não seja uma edificação celeste, mas não passa de uma "consequência",

---

97 *Le Gai Savoir*, Prologue (1886).
98 V, *Le Gai Savoir*, §110.

a consequência da impotência da própria vontade. Quando Nietzsche evoca, em seus cadernos sobre a *Vontade de poder*, a "necessidade de um mundo metafísico", é num terreno psicológico (forma da vontade de poder) que ele passa a se situar – a psicologia das forças vitais.

Compreender a origem da metafísica é compreender a psicologia da qual ela é o signo. O desejo de metafísica atesta uma relação conturbada com o mundo. No mundo, não encontramos mais nada que corresponda a uma expectativa, que nos dê uma garantia vital de nós mesmos; nele sentimos uma ausência. A incapacidade de aceitar o mundo tal como ele é, de encontrar sentido para ele, provoca, em contrapartida, a crença em outro mundo – um mundo em repouso, imóvel. O mundo existente perde o seu sentido. Não é um estranho estado de espírito aquele que leva à separação do *único* mundo existente? É por isso que buscar "outro mundo" não concerne à metafísica, e sim à psicologia. Não alcançar êxito em atribuir sentido a *este* mundo, em justificar nossa existência neste mundo, em fazer-lhe justiça, em torná-lo um objeto vivente e vivível, eis uma estranha atitude psicológica que merece exame.

O mundo em si mesmo não precisa de nada; mas, devido à nossa incapacidade de justificar nossa existência neste mundo, de nele encontrar fins e objetivos, eis que ele passa a necessitar de razão e de justiça, de ideal e de direção, enfim, de motivos próprios para assegurar nossa vida. O mundo metafísico resulta desse problema psicológico. Essa relação entre a nossa existência e a ausência de sentido do mundo existente encontra-se na origem da *necessidade* de um mundo metafísico, é ela que deve ser interpretada "psicologicamente".[99]

> A necessidade de um *mundo metafísico* é a consequência do fato de que não fomos capazes de emprestar nenhum *sentido*, nenhum *para quê?*, ao mundo existente [*vorhandenen Welt*]. "Por conseguinte", concluímos, este mundo só pode ser aparente. Relação entre "a aparência" e "a ausência de sentido", "ausência de objetivo": *interpretar psicologicamente*: o que significa isso?[100]

Que mecanismo é instaurado aqui? Como se cria um mundo metafísico contra o mundo existente? A operação psicológica de valoração de um mundo metafísico contra o mundo existente se apoia fundamentalmente sobre uma *hipérbole da razão*. Acredita-se em um mundo metafísico, em um mundo em si, quando a fossilização do mundo produzida pela razão a serviço da vida (coisas estáveis, imobilização do vir a ser, conceitos classificatórios gerais, uma verdadeira gramática do mundo) passa a *valer por si mesma*, a ser levada a sério como espécie de ser, quando ela adquire um sentido existencial, um valor para a nossa existência... A produção do mundo metafísico tal como Nietzsche o esboça deve ser seguida mais de perto. Para que surja um mundo metafísico, dizem os fragmentos póstumos, a atividade vital de estabilização do real deve ser projetada no ser, essencializada, ontologizada. São razões psicológicas (necessidade de segurança, de permanência, de verdade) que

---

99 XIII, 9 (73).
100 XIII, 9 (73).

presidem à projeção das categorias vitais no ser. Em suma, há mundo metafísico desde que *se acredite que*, apesar de serem simples instrumentos da vida, *as categorias da razão* têm *existência em si*. Não só um mundo metafísico é então inteiramente criado, mas este mundo fictício se volta contra o mundo existente. A negatividade niilista se engendra nessa circunstância.

> A *crença nas categorias da razão* é a causa do niilismo. Determinamos o valor do mundo em relação a essas categorias, que concernem a um *mundo puramente fictício*. Resultado: todos os valores por meio dos quais procuramos até agora tornar o mundo, antes de tudo, *apreciável*, e que, justamente por isso, terminamos por depreciá-lo assim que eles se relevaram impraticáveis – todos esses valores, reavaliados psicologicamente, são apenas os resultados de certas perspectivas de utilidade próprias para manter e desenvolver as criações humanas de dominação; e não mais que falaciosamente *projetadas* na essência das coisas. É sempre a mesma ingenuidade hiperbólica do homem que o leva a se apresentar como o sentido e a medida das coisas.[101]

Pouco tempo após esse fragmento surge uma segunda versão desse mesmo pensamento:

> Origem do "mundo verdadeiro". A aberração da filosofia decorre do fato de que, em vez de encontrarmos na lógica e nas categorias da razão os meios de acomodar o mundo a fins utilitários (logo, "por princípio", a uma falsificação utilitária), acreditamos encontrar neles o critério da verdade ou da "realidade". Com efeito, o critério da verdade era apenas a utilidade biológica de tal sistema de falsificação por princípio; e como uma espécie animal não conhece nada mais importante do que a sua preservação, poderíamos ser tentados a

---

101 XIII, 11 (99).

falar aqui de "verdade". Mas aqui a ingenuidade foi considerar a idiossincrasia antropocêntrica como *medida de todas as coisas*, como divisor de águas entre o real e o irreal; em suma, fazer de uma contingência um absoluto. De repente, eis que o mundo se divide em um mundo "verdadeiro" e um mundo "aparente". É justamente o mundo em que o homem colocara toda a sua razão para habitar e se instalar que, em sua própria opinião, agora se encontra desacreditado. [...] E eis que o mundo se tornou falso, contraditório, e precisamente por causa das qualidades que *constituem sua realidade* – a mudança, o vir a ser, a multiplicidade, a oposição, a contradição, a guerra.[102]

Insistamos nas engrenagens desses textos importantes. Como todas as outras espécies animais, o vivente humano organiza para si um mundo vivível, habitável, por meio da sua incessante atividade de divisão e classificação dos fenômenos. Mas o mundo metafísico não surge disso. Ele surge da projeção dessa construção humana em um mundo fictício, surge da promoção das categorias da razão a propriedades de uma realidade verdadeira, surge quando damos um passo a mais e tornamos essas categorias ontológicas ou reais. Quando as ficções necessárias à vida humana (coisas, átomo, sujeito, ação...) são admitidas como "realidades", estamos dando corpo a um "mundo metafísico".[103] Nós lhe atribuímos um valor por si mesmo. Essa crença em um mundo de ser-verdadeiro, mais "importante" para a vida, mais útil à vida, em seguida se volta contra o mundo da experiência, torna-se condenação e *depreciação* deste último. Esse mundo que o homem terá buscado "habitar", organizar

---

102 XIII, 14 (153).
103 XIII, 9 (97).

racionalmente, ei-lo agora destituído de toda realidade! Como o "mundo existente" não corresponde a essa projeção das categorias da razão no "em si", concluímos que tal mundo não existe, que ele não é o verdadeiro mundo. O mundo lógico e racional extraiu tudo dele. Esses textos estabelecem o nascimento da metafísica. Em desenvolvimentos fundamentais, Nietzsche nos mostra que a metafísica não surge diretamente da categorização racional operada pelo vivente (humano), mas da *crença psicológica* no valor real e ontológico dessa categorização.

Começamos a compreender que a questão do surgimento de um mundo metafísico não é metafísica; ela é, antes de tudo, psicológica. Retornamos sempre à mesma questão: para engendrar um mundo metafísico, era necessário que o estável e o verdadeiro fossem mais valorizados que o vir a ser. Mais uma vez, torna-se crucial questionar por que a crença em um mundo verdadeiro pôde ser mais valorizada do que a crença neste mundo existente. Qual foi o motor da crença em um mundo imóvel, não contraditório, não cambiante, racional? Qual foi a fonte da negação deste mundo existente em benefício exclusivo de um mundo ideal, inteiramente dependente de categorias humanas? A psicologia, por meio daquilo que é valorado, examina relações de poderes entre afetos, tipos de vontade de poder. Nos cadernos sobre a *Vontade de poder*, é possível observar três tendências – impotência, segurança, difamação – que contribuem para a valoração do mundo verdadeiro a despeito do mundo real, e que acabam contrapondo o mundo verdadeiro ao mundo real ao desvalorizar este último. 1) A impotência é a principal causa psicológica, é ela que suscita o desejo de um mundo dado de antemão, o desejo de se unir ao ser. 2) Ela inicia então o movimento hiperbólico de projeção das categorias vitais e racionais em um "em si", condição para o surgimento de um mundo metafísico, um mundo tal como "deveria ser". Mediante esse movimento, as condições de *conservação e de segurança* são transferidas para o próprio ser: "Projetamos nossas próprias *condições de conservação* como *predicados do ser em geral*".[104] 3) Enfim, a valoração desse mundo verdadeiro produz indiretamente a desvalorização do mundo existente, a transformação deste último em mundo falso.

Ademais, nesses dois textos, Nietzsche evoca algo muito importante para a compreensão do niilismo. O mundo metafísico – lógico, racional, em si – é um mundo monstruoso, pois é um mundo exclusivamente humano, inteiramente dependente da inteligência humana, da razão humana. Os valores que nos permitiam apreciar o mundo e transformá-lo numa extensão útil da dominação humana são "falaciosamente *projetados* na essência das coisas". Tal é a imensa hipérbole, a "ingenuidade hiperbólica do homem que o leva a se apresentar como o sentido e a medida das coisas".[105] Essa profunda "ingenuidade" toma "a idiossincrasia antropocêntrica como medida de todas as coisas", faz da "contingência um absoluto".[106] Há, na metafí-

---

104 XIII, 9 (38). "Projetamos nossas próprias condições de conservação como predicados do ser em geral."

105 XIII, 11 (99).

106 XIV, 14 (153).

sica, uma imensa antropomorfização do mundo. Nietzsche foi sem dúvida o primeiro a pressentir a catástrofe inerente a essa antropomorfização. O mundo metafísico é um mundo que submete todas as coisas à perspectiva humana, ao logos humano. Um antropocentrismo desenfreado propaga por toda parte as categorias da razão e espera que a formatação humana do mundo seja de fato a própria essência do mundo! Na modernidade se reapresenta a ruptura irremediável entre "concepção teórica e concepção trágica do mundo", submissão do mundo à penetração humana, ou mundo liberado de todo fim humano.[107] Tudo opõe a antiterra sobre-humanizada dos hiperbólicos e a Terra dos hiperbóreos, essa ilha onde o Sol brilha sem descanso.

Em contrapartida, seria preciso ter grandeza suficiente para pensar que o humano não é o mundo, que um *mundo sem homens* é possível, que também seria possível admirar esse mundo-nada:

> Que enfim coloquemos gentilmente os valores humanos em seu canto: o único lugar onde eles têm uma legitimidade enquanto valores – postos de lado. Muitas espécies animais já desapareceram; supondo que, por sua vez, o homem desapareça, nada faltaria ao mundo. É preciso ser suficientemente filósofo para admirar esse nada – *Nil admirari*.[108]

---

107 I, *La Naissance de la tragédie*, §17.

108 XIII, 11 (103). Horácio, *Epístola 6*: "Não se espantar com nada". Com essa expressão, Horácio sustenta a *apatheia* e a indiferença estoicas: não se espantar com os fenômenos da natureza nem com os bens terrestres, jamais sentir sua alma perturbada. Não há nada espantoso no universo, tudo é natural. Grandeza romana do estilo de Horácio que Nietzsche elogia no *Crepúsculo*

O que quer que pereça no mundo – animais ou homens –, nada lhe falta. O mundo existente, o mundo cambiante, movente, que devém, não precisa de nada. Não lhe falta razão, nem lógica, nem inteligência. Pois ele é, fundamentalmente, antirracional, sem verdade, inumano, desprovido de objetivos ou finalidades humanas. Segundo os critérios da vontade de verdade, ele é "falso", "informulável" e "contraditório": "O caráter do mundo deveniente como *informulável, falso, contraditório*".[109]

Em todos esses fragmentos, Nietzsche não busca respostas metafísicas à pergunta acerca *do que é* um *mundo*. Ele faz do "mundo" um problema genealógico, vital e psicológico, ontológico e cosmológico. Vital: do ponto de vista da própria humanidade, esta concebe seu mundo "humano", configurado segundo suas carências humanas. Assim, cada espécie animal tem seu mundo, de modo que o processo vital da humanidade não está isento de coerções vitais para sua própria expansão. Psicológico: pois o mundo verdadeiro da vontade de verdade e da metafísica se apoia sobre um conjunto de crenças – a necessidade de acreditar na ausência de sentido *deste* mundo, a necessidade de acreditar na verdade suprema dos além-mundos. Ontológico: pois o mundo do ser jamais é dado, ele resulta

---

dos ídolos ("O que devo aos antigos", §1). Nesse fragmento, Nietzsche parece seguir esta direção: é preciso ser suficientemente filósofo para que *nada surpreenda*, nem mesmo o humano, o que significa que a alma deve se deixar invadir pela percepção de um mundo ao qual não falte nada, admirar este mundo sem fins e sem homens.

109 XIII, 9 (89).

de uma "projeção dos postulados lógico-metafísicos" humanos nas coisas, valorizando exclusivamente o ser-estável, em suma, a grande ficção do Ser.[110] Enfim, cosmológico: pois, afinal, o cosmos é assimilado ao verdadeiro, ao estável, a uma "ordem moral universal", ao passo que o mundo fluente, que devém, cambiante, parece acósmico, enganador, inexistente. Assim que se renuncia a esse mundo verdadeiro, antropomorfo, logicizado, estabilizado, essencializado, não há nada estável, tudo é contraditório, fluente, cambiante, metamórfico. Compreendese que a palavra *realidade* é empregada com sentido variável na mesma linha (como se vê no texto abaixo): por um lado, a realidade designa o que é real *para* a razão, a razão como *critério da realidade*; por outro, a realidade designa a realidade do vir a ser, a realidade sem realismo, a mudança e a impermanência, a realidade que não pode ser uma coisa, a realidade do mundo real, a realidade a ser "controlada", dominada. Esta realidade anterior à razão designa a Terra.

> Este foi o maior erro que já se cometeu, o verdadeiro flagelo do erro sobre a Terra: com as formas da razão, julgávamos ter um *critério da realidade*, ao passo que as tínhamos para *controlar a realidade*, para habilmente compreender mal *esta realidade*.[111]

Será contra esse mundo cambiante, contra essa realidade hostil à razão, contra essa Terra que se desenvolverá o niilismo.

---

110 XIII, 9 (98).
111 XIII, 9 (82); XIV, 14 (153).

Anuncia-se a "catástrofe niilista que põe termo à cultura terrestre", como afirmamos de início. Com o niilismo, o mundo verdadeiro não só renuncia à Terra, mas se volta contra ela; ele forma uma antiterra.

O niilismo ou o desastre do mundo

O que significa o niilismo? Devemos situá-lo historicamente? Visa-se aqui uma forma particular de cultura? A preocupação com o niilismo não é exclusiva do pensamento nietzschiano. Em diferentes formas, ela emana de correntes espirituais emergentes no Ocidente. Todo niilismo transforma o *ens* do mundo em *nihil*. Uma das primeiras manifestações de uma perda de substância do mundo se encontra na separação entre uma realidade suprassensível e o mundo, na afirmação segundo a qual Deus ou o Princípio primeiro é superior ao mundo: o mundo não tem substância suficiente em si mesmo. Encontramos essa abordagem em correntes muito distintas (por exemplo, nas doutrinas que, desde Platão até o plotinismo e a teologia cristã, pensam o Uno ou Deus por abstração, separação e negação do mundo, e seguem, portanto, uma via apofática ou negativa). O Uno, sustenta Plotino, não é "nenhum dos seres": é um princípio segundo o qual *nada* pode ser afirmado a partir do mundo, pois "é superior a tudo isso". Sem ele, em contrapartida, "nada existe".[112] Assim, a hipótese medieval da *annihilatio mun-*

---

112 Plotino, *Ennéades*, "De la contemplation", III, 8-10. O princípio como "nada".

di, que surge no século XIII, não tem outro significado a não ser manifestar a inconsistência do mundo (esse conhecimento intelectivo concerne ao poder de Deus e à sua capacidade de reduzir o mundo físico ao nada, onde se revela sua própria *nihilitas*). Sem falar na profusão de experiências místicas de união com Deus, nas quais há o desprendimento do mundo mediante ascetismo, deserto, retiro. Essas ideias todas não estão distantes de uma forma de niilismo: ao afirmar uma transcendência radical do Primeiro princípio ou de Deus sobre o mundo, elas retiram do mundo um poder imanente, fazem recuar à transcendência a verdadeira fonte da vida e do mundo. Plotino é o arquétipo dessas correntes espirituais:

> O Uno não é *nenhum dos seres*, ele é anterior a todos os seres. O que é ele, então? Ele é o poder de tudo: se ele não for, *nada existe*, nem os seres, nem a inteligência, nem a vida primeira, nem qualquer outra. A atividade da vida, que é todo ser, não é primeira; ela brota dele como de uma fonte. Imaginai uma fonte que não tem outra origem; ela deságua em todos os rios, mas nem por isso se esgota.[113]

Assim, quando as doutrinas do Uno invocam um verdadeiro princípio que se distingue de todas as determinações pelas quais o mundo é mundo, inclusive o ser; quando a teologia explora uma "via negativa", apofática, que só descobre Deus por meio da negação dos predicados que podem ser partilhados com o mundo; quando as experiências místicas

---

113 Ibid., "De la contemplation", III, 8-10.

afirmam uma união com Deus que relega o mundo criado ao nada, elas rompem a associação entre transcendência e imanência, elas deslocam sua substância do mundo. Não só a transcendência nada pode "ser" do mundo, mas o mundo só pode ser um *nada* em relação à transcendência, a tal ponto que passa a ser difícil explicar como o mundo emana dela.

Esse sentimento de que a verdadeira experiência de vida e de pensamento consiste em negar a realidade do mundo caracteriza as doutrinas "monopsiquistas", dirá Leibniz. A mesma crítica pode ser dirigida à alma do mundo em Platão, ao Deus dos místicos, ao quietismo que afirma que "tudo se reduz ao nada", à concepção moderna de uma "alma universal e única que absorve as outras". Não é evidente que essas ideias (cujo desenvolvimento Leibniz observa na Pérsia, na China, na Judeia, com a cabala, entre os quietistas, os místicos...) se nutrem da mesma negação do mundo?[114] O que elas fazem, a não ser aniquilar também o que "nos pertence particularmente"? Elas destroem tanto as substâncias na natureza quanto os corpos, transformam nossa existência em um nada; no fundo, elas invertem completamente a teologia natural. Deus, o Uno ou as almas, ao se separarem do mundo, o entregam ao nada. Esta será também a crítica de Ravaisson ao neoplatonismo: dele resultaria uma incomunicabilidade insuperável entre o Uno e os seres, uma impossibilidade de associação entre o superior e o inferior.

---

114 Gottfried Wilhelm Leibniz, *Essais de théodicée*, §9; §10.

> Quanto mais o Uno se reduz, pelo progresso da abstração, à pura e simples unidade, à unidade absoluta, tanto mais se torna impossível dela fazer derivar, por qualquer mudança, seja ela qual for, aquilo que lhe é inferior. Quanto mais o primeiro princípio é reduzido a uma imobilidade e a uma rigorosa simplicidade, tanto mais é impossível conceber que ele *remonte* ou *se submeta* a qualquer multiplicidade.[115]

Nessas doutrinas, diante do elevado, é a inconsistência do mundo que se manifesta.

Com o kantismo, a significação do niilismo se desloca. Friedrich Heinrich Jacobi é o primeiro a empregar o termo niilismo segundo esse novo sentido que então compreende a impossibilidade do conhecimento de um absoluto real. Com efeito, em sua célebre *Carta a Fichte*, de 21 de março de 1799, Jacobi adota uma posição realista que, em vários aspectos, anuncia a de Nietzsche. Ele vislumbra o ponto fraco da filosofia transcendental de Kant e, mais ainda, aquele do idealismo absoluto de Fichte: tudo o que é exterior (não importa qual seja seu nome: o transcendente, o Outro, o Não eu, ou mesmo Deus como princípio do real) é reduzido ao Eu, à sua atividade especulativa, às imagens espectrais e fantasmáticas de sua imaginação. O mundo se esvazia, se desertifica, se desrealiza. O niilismo é essa negação do mundo real pela razão especulativa. O Eu adivinha aí o seu mais profundo segredo: que tudo além dele "é Nada", que ele mesmo não passa de "um fantasma, que nem sequer é o fantasma de algo, mas um fantasma em si,

---

115 Félix Ravaisson, *Essai sur la métaphysique d'Aristote*, p.724.

um nada real, um nada da realidade".[116] O que nos inquieta não é mais uma exagerada transcendência do mundo, mas o fato de que não somos mais capazes de fundar nosso pensamento no mundo exterior ou em Deus como o real mais real e, portanto, o fundamos sobre o nada. O niilismo assume aqui uma ressonância diferente, pois designa este acontecimento inaudito: a perda do apego ao mundo real como fundamento, a supressão de Deus na fundação do saber.

Acaso não é a verdade que então muda de sentido, já que ela não tem mais nada de transcendente com que se assemelhar, como se a ciência da verdade pudesse prescindir do verdadeiro? ("Não compreendo", admite Jacobi, "esse júbilo que se pode sentir com a descoberta de que só existem *verdades* e nada de verdadeiro.")[117] Nietzsche não dirá outra coisa sobre a negação do mundo pela vontade de verdade. Para Jacobi, assim como, mais tarde, para Nietzsche, a perda de ancoragem da razão na percepção do mundo a conduz a uma louca hipérbole "que transforma em nada tudo o que é exterior" (Jacobi). Nesse afastamento do real, nem sequer a morte de Deus está em jogo; pelo contrário, pode-se dizer que "Deus não desapareceu, pois ele não existia".[118] Princípio do mundo real, ele não existia mais do que o mundo real. Jacobi terminará sua carta com uma alternativa categórica, por meio da qual a questão do realismo em filosofia irrompe de modo brutal:

---

116 Friedrich Heinrich Jacobi, *Lettre sur le nihilisme*, p.61.
117 Ibid., p.61.
118 Ibid., p.61.

É a única escolha que se apresenta ao homem: o nada ou um Deus. Se ele escolhe o nada, ele faz de si mesmo um Deus, o que equivale a fazer de Deus um fantasma; pois, se não há Deus, é impossível que o homem e tudo aquilo que o circunda não sejam um mero fantasma.[119]

Ademais, já existe algo do niilismo de Kirilov nessa alternativa do eu apoiado em Deus ou do eu sem Deus pretendendo tornar-se Deus e engolfando-se no nada. Sabe-se que o protagonista de *Os demônios*, de Dostoiévski, desafia Deus com seu suicídio para que advenha o reino do homem sem Deus.[120] Com muitos antiniilistas, Dostoiévski partilhará da crença de que a única salvação é o enraizamento do homem em Deus. Não é possível lutar de outra maneira contra o niilismo que se propaga no final do século XIX. Como o niilismo não tem outra origem senão a ausência de fundação do homem em Deus, o fundamento do homem em si mesmo conduz inevitavelmente à queda do homem. Jacobi, na filosofia, assim como Dostoiévski, na literatura, constituem esse momento da compreensão da crise do fundamento em Deus, que Nietzsche descreve em *A gaia ciência*:

O maior acontecimento recente – qual seja, que "Deus está morto", que a crença no Deus cristão caiu em descrédito – começa, desde já, a deitar sua

---

119 Ibid., p.75.
120 XIII, 11 (327, 334, 336). Com frequência, Nietzsche se refere explicitamente a esse problema, em sua leitura de Dostoiévski: "Se Deus existe, tudo depende de Sua vontade, e eu não sou nada além dela. Se Ele não existe, tudo depende de mim... A *fórmula clássica* de Kirilov em Dostoiévski".

sombra em toda a Europa. Ao menos para alguns poucos dotados de suspeição suficientemente penetrante, de um olhar sutil o bastante para esse espetáculo, de fato parece que algum sol acaba de se pôr, que alguma velha e profunda confiança se transformou em dúvida: àqueles, o nosso velho mundo deve parecer cada dia mais crepuscular, mais desconfiado, mais estranho, mais "velho".[121]

Porém, é uma terceira forma de niilismo que nos interessa muito em particular: o divórcio do homem e do cosmos, a negação de um parentesco entre o homem e o cosmos. Nessa perspectiva, a grande corrente gnóstica que, a partir do século II, atravessa o Império Romano, poderia ser chamada de niilista. Ela reúne influências diversas que só convergem na negação do mundo. Plotino a descreve de modo surpreendente e angustiante em sua *Enéada II*: "Contra aqueles que afirmam que o demiurgo do mundo [cosmos] é maldoso e o mundo [cosmos] é mau". Bondade, beleza e inteligência se retiram do mundo. O universo se engolfa na matéria, no ininteligível, ele é idêntico às trevas, imenso contraste com o luminoso mundo grego, reluzente de almas e de inteligência: "Eles desprezam o mundo criado e nossa Terra", diz Plotino.[122] Eles aspiram a "outra Terra". Eles só conservam uma iluminação obscura nessas trevas: o chamado de Deus, iluminação vacilante em um mundo sem inteligência. A gnose prega um acosmismo radical: a certeza de que o mundo é absurdo, desprovido de sentido, mau. Deus ausente do mundo, fora do mundo, desconheci-

---

121 V, *Le Gai savoir*, §343.
122 Plotino, *Ennéades*, "Contre les gnostiques", II, 9, p.111-38.

do e incognoscível neste mundo. Nossa alma não tem outra esperança a não ser deixar sua estadia neste mundo, a fim de encontrar o Deus extramundano. Contudo, o próprio Plotino, por sua vez, não promove o niilismo ao estabelecer o Uno fora do mundo, fora do ser? Acaso o mundo também não se obscurece, não se engolfa no não ser (pois o que é não é o Uno)?

Hans Jonas mostrou a profunda semelhança entre o niilismo antigo e o niilismo moderno. Em sua forma gnóstica, dir-se-ia que o niilismo é uma das origens remotas do pensamento moderno e do dualismo no qual ele se estabelece. No mundo moderno, encontram-se todos os temas gnósticos: o homem estrangeiro no mundo, sozinho, entregue à angústia, à inquietação, à perda do sentido; salvo o fato de que, na gnose, ainda há um subterfúgio – a outra Terra –, ao passo que a cosmologia moderna nos situa numa natureza material de espaços infinitos, absolutamente indiferente ao homem, imenso deserto de cinzas, sombra e morte. De certa maneira, a situação do homem moderno de ser-lançado-no-mundo é pior do que a da gnose, pois não oferece nenhuma saída. Contudo, a mais importante convergência entre os dois niilismos – antigo e moderno – é essa profunda "desunião entre o homem e o mundo", a perda de um cosmos aparentado ao homem, o apagamento de um mundo que faz sentido para o homem: "Essa cisão entre o homem e a realidade total encontra-se na base do niilismo".[123] Cisão inaceitável, insuperável, que separa ipseida-

---

123 Hans Jonas, *Le Phénomène de la vie: vers une biologie philosophique*, p.237.

de solitária e natureza cega. A ruptura entre homem e cosmos atravessa a filosofia moderna em toda a sua extensão: segundo Hans Jonas, encontramo-la na filosofia de Pascal, no existencialismo, na filosofia de Heidegger.

Os niilismos antigo, medieval e moderno têm razões diversas. Todavia, todos se fundam na negação do mundo, nessa mesma passagem do *ens* ao *nihil*. Ou o Uno assume toda a realidade pela qual o mundo pode ser mundo, sendo ele mesmo "nada" deste mundo; ou o mundo se engolfa nas trevas (gnose); ou ele deve ser negado, para que se alcance a verdadeira transcendência (teologia negativa, hipótese da *annihilatio*, misticismo); ou até mesmo se escora numa subjetividade sem ancoragem (idealismo e acosmismo), é absorvido por um conhecimento sem Deus (crítica de Jacobi); ou, ainda, ele se identifica com uma matéria indiferente, um cego universo mecânico (dualismo moderno). De modo que se pode dizer que qualquer dualismo alimenta seu niilismo; a transcendência e o suprassensível já envolvem a morte do mundo. Ao mesmo tempo, a associação entre o homem e o mundo é rompida, de tal modo que o niilismo assume o significado de uma perda radical de sentido do mundo que termina por influir na existência humana.

A primeira maneira de deslocar a questão do niilismo na obra de Nietzsche é torná-la um problema civilizacional e não mais apenas teológico ou de mera teoria do conhecimento; é torná-la um problema que concerne à história do pensamento ocidental, relacionado tanto à razão quanto à fé; torná-la a pedra de toque das relações entre transcendência e Terra. Nesse caso, o niilismo se caracteriza precisamente pela negação da Terra, ele designa a história ocidental da antiterra. Sua crítica radical tem de passar por uma renovação do pensamento da Terra, da associação entre o homem e a Terra. Tal é a operação nietzschiana: o único meio de abandonar o niilismo é operar uma crítica violenta do dualismo (a principal causa do niilismo), para situarmo-nos novamente no "único mundo", o mundo "tal como ele é".

Considerada historicamente, a questão do niilismo logo se amplia. Mais do que um problema de descrença ou ateísmo situado em tal ou qual época, o niilismo vem acolher, "na história do mundo, o movimento que precipita os povos da Terra no âmbito de poder dos tempos modernos", como diz Heidegger em sua leitura de Nietzsche.[124] Com efeito, acaso não se deve enxergar aí um fenômeno muito amplo, trans-histórico, transnacional, transreligioso? Um vasto movimento atravessa nações, culturas, correntes espirituais, religiões. Ele envolve o destino ocidental, acolhe o devir da metafísica, provoca, enfim, a "decomposição" do mundo suprassensível e dos ideais "acima da nossa vida terrestre" (Heidegger). Esse movimento remonta ao âmago dos tempos da metafísica; vemos claramente que ele ultrapassa toda descrença, toda incredulidade, toda irreligiosidade; ele manifesta a "lógica interna da história ocidental"

---

124 Martin Heidegger, "Le Mot de Nietzsche, 'Dieu est mort'". In: *Chemins qui ne mènent nulle part*, p.265.

para além da fé e da razão. Sua origem não é a descrença religiosa, esta é apenas uma consequência. Cognominado de niilismo, esse movimento atesta o desastre do mundo, a queda do mundo no nada. Tal processo historial engloba origem e fim da razão humana. Mais do que a história eurocêntrica no sentido estrito, ele concerne à humanidade racional em sentido amplo.

Com efeito, foi Nietzsche quem assimilou, pela primeira vez, o destino da história do pensamento ocidental ao niilismo. O niilismo não é um epifenômeno, ele é inseparável do desenvolvimento da civilização teorética, de determinado uso da razão. O acontecimento da nadificação do mundo não começa aqui e agora. Ele engloba os tempos mais antigos. A negação da Terra acompanha toda a história da filosofia. Mas é preciso sublinhar o traço marcante do niilismo moderno. O que caracteriza o niilismo moderno é esse momento em que a antiterra, construída contra a Terra, desmorona sobre si mesma, levando consigo também a Terra. Eis o que mudou: algo irremediável ocorreu à Terra quando ela se afastou de seu sol (mundo suprassensível, Deus). Adentramos no tempo da exorbitância absoluta, da desorientação total.

> O que fazíamos, quando afastamos esta Terra de seu sol? Para onde ela se move agora? Para longe de todos os sóis? Não caímos incessantemente? Para a frente, para trás, para o lado, para todos os lados? Ainda há "em cima" e "embaixo"? Acaso não vagamos como que por um nada infinito?[125]

---

125 V, *Le Gai Savoir*, §125.

Por três vezes a filosofia sofreu o terrível impacto desse "acontecimento enorme" que ocorre à humanidade e à Terra. No final do século XIX, no início do século XX, no começo das duas guerras mundiais, em três ocasiões a filosofia presumirá que a gênese do niilismo se deve à dominação da razão que destrói nosso mundo, pois o niilismo destrói a possibilidade de uma assunção do sentido do mundo. Decerto, Nietzsche inaugurou a era da crítica da razão nesse sentido antikantiano de reexame não de seus limites, mas de sua natureza. Porém, seria absolutamente impossível ler Heidegger e Husserl sem perceber que, por sua vez, é a obsessão do niilismo atravessando a racionalidade ocidental em toda a sua extensão que abala sua filosofia. Foi-se a época do nexo entre razão e fé que caracterizava a Idade Média. Atualmente, é o desenvolvimento analítico da razão que produz simultaneamente a descrença religiosa e o definhamento da filosofia. Nietzsche, Heidegger e Husserl constatam igualmente que positivismo, naturalismo, objetivismo e ciências regionais dominam a cena histórica. A razão, tornada objetivante, naturalizante, técnica e analítica, afasta o sentido do mundo. De modo que é do seio mesmo do *télos* da racionalidade ocidental que, progressivamente, se apagam "Ideias, Deus, o Imperativo, Moral, o Progresso, a Felicidade para todos, a Cultura e a Civilização".[126] *Sein und Zeit* [*Ser e tempo*] será, antes de tudo, a indicação de um caminho para sair desse niilismo, nos diz Heidegger, de modo que o pensamento

---

126 Martin Heidegger, *Chemins qui ne mènent nulle part*, op. cit., p.266-7.

só deve responder a esse "único acontecimento" que fez sua história: ter tomado o ser por nada, ter feito o ser engolfar-se no *nihil*.[127]

Quando da ascensão do nazismo, Husserl escreverá seu livro mais pungente – *A crise das ciências europeias e a fenomenologia transcendental* –, também profundamente atormentado pela sombra de um desastre mundial; pela transformação da racionalidade ocidental em objetivismo; pela dominação das ciências de fatos; pela ascendência de um positivismo obstinado; pela atração do misticismo, do ceticismo, do irracionalismo; pela incapacidade de responder pelas necessidades vitais da humanidade:

> Meras ciências de fatos constituem uma mera humanidade de fatos [...]. Na penúria da nossa vida – é o que ouvimos em toda parte –, essa ciência nada tem a nos dizer. As questões que ela exclui por princípio são precisamente as questões que, em nossa época desafortunada, para uma humanidade abandonada às convulsões do destino, são as mais ardentes questões – aquelas que concernem ao sentido ou à ausência de sentido de toda existência humana. [...] Acaso podemos viver em um mundo cujo acontecimento histórico não passa de um encadeamento incessante de ímpetos ilusórios e amargas decepções?[128]

Nas três vezes em que uma crítica da razão foi estabelecida, atribuiu-se o processo historial do niilismo a uma razão

---

127 Ibid., p.257.
128 Edmund Husserl, *La Crise des sciences européennes et la phénoménologie transcendantale*, p.10.

NIETZSCHE – O MUNDO DA TERRA

desarrazoada que deixou escapar o sentido do mundo. Em *O nascimento da tragédia*, Nietzsche assimila esse acontecimento ao surgimento da civilização teorética. Nos cadernos preparatórios à vontade de poder, o niilismo concerne a uma louca hipérbole da razão que aniquila todo processo criativo e nos projeta numa supraterra imóvel. Esse mesmo movimento hiperbólico, absolutamente ingênuo, encontra-se em Heidegger e Husserl: ou a razão se projeta no ser, esquecendo que o mundo é um processo criativo (Nietzsche); ou ela se projeta no ente e na técnica, esquecendo o ser (Heidegger); ou, ainda, ela se projeta num objetivismo cientificista, esquecendo o "mundo da vida", no sentido fenomenológico, isto é, a doação transcendental do sentido, a humanidade do sentido, a filiação do sentido (Husserl). Nesses três casos, a racionalidade ocidental alcança o seu limite, ela mesma produz o seu veneno – o veneno de um pensamento limitado ao objetivismo, ao cientificismo e ao positivismo, inimigos comuns de Nietzsche, Heidegger e Husserl. A questão que se recoloca é esta: por que a história do pensamento ocidental tinha de levar a esse desenraizamento, a essa desorientação, a esse deserto do sentido? Tal desenrolar era inexorável? Será uma coincidência o fato de a nossa salvaguarda ter sido considerada, por Nietzsche, Heidegger e Husserl, a possibilidade de uma nova *habitação da Terra*? Não seria preciso, então, na obra de Nietzsche, em todo caso, que a própria Terra fosse o Sol, um novo Sol? Que ela fosse esta Terra onde o Sol brilha constantemente – hiperbórea ou ilhas bem-aventuradas?

A psicologia do niilismo

Nietzsche é o mais profundo pensador da Terra e, por conseguinte, da antiterra. Ele foi o primeiro a pensar o futuro do pensamento ocidental como antiterra ou mesmo como uma forma do niilismo. O projeto sobre a *Vontade de poder* se apresenta desde o seu primeiro fragmento, e desde a primeira linha desse fragmento, como uma "história do niilismo europeu" (inquietação recorrente em muitos fragmentos). O que nos parece mais importante é recolocar o niilismo em sua relação negativa com o mundo, não apenas em sua relação com os valores, mas na relação tão peculiar com essa interpretação do mundo que forma uma antiterra, uma imprecação contra a Terra, contra a natureza, contra a vida, contra a cultura terrestre. Com efeito, o niilismo não indica apenas que os valores são valorados, que os valores se combatem, que o sentido está perdido; ele indica que está perdido o sentido da Terra. O niilismo passivo não é apenas o momento do exame do sentido; mais especificamente, ele é o exame do sentido da Terra. A antropomorfização do mundo atinge aqui o seu limite; ao desmoronar, o continente ultra-humano da verdade arrasta o próprio mundo.

Muitos fragmentos e textos apresentam essa humanização da Terra e do Cosmos que se tornaria fatal. O texto escrito em 1873, *Sobre verdade e mentira no sentido extramoral*, já não tinha outro objetivo que não o de expor o antropomorfismo de todo conhecimento humano. O fato de existir *um* mundo humano não significa que o mundo seja *humano*, nem que a verdade do mundo seja *humana*. "Não existem mundos animais?", já perguntava Nietzsche. O inseto e o pássaro não percebem um mundo diferente? Acaso seus mundos são menos "justos"? Quem poderia afirmá-lo? O antropomorfismo é a monótona extensão do homem até o coração do mundo, a "metamorfose do mundo em homem", "o mundo inteiro ligado aos homens", as estrelas e o céu absorvidos pelos olhos humanos, a multiplicação da imagem do homem por toda a Terra. "O mundo inteiro [...] é a cópia multiplicada e diversificada de uma imagem primordial – a do homem". O homem, "medida de todas as coisas".[129] Não é criticável o fato de que o homem, assim como todo vivente, crie seu mundo, por meio de formas e conceitos. Porém, assim que ele esquece seu poder estético de transfiguração, põe-se a acreditar que o eixo do mundo gira em torno de seu intelecto, que o mundo humano que ele forjou para agir existe em si. Como é esse mundo do intelecto? É um mundo esquemático, com traços acentuados e espessos, semelhante ao espaço geométrico de um "columbário romano", onde a diversidade das coisas repousa – morta – em compartimentos ordenados; ou, ainda, semelhante a uma "pirâmide lógica" edificada sobre o curso d'água do vir a ser. Com frequência, são as metáforas de um mundo morto que reaparecem na escrita de Nietzsche para exprimir esse mundo humanizado, estabilizado, paralisado. Quando o intelecto, esse auxiliar de uma vida humana precária, orgulhosamente se apresenta como verdade

---

129 I**, *Vérité et mensonge au sens extra-moral*, p.284.

do mundo, chegando a ocultar a força poética e estética de criação própria a cada povo, tal como ela se exprime em sua língua, em sua mitologia, em suas invenções, em seus usos, então o sentido da verdade está perdido. Esquecemos que a verdade se resume à soma dos "antropomorfismos" e das "ilusões" que são necessários ao homem, como sedimentos transmitidos pelo uso ao longo das gerações. A verdade se apresenta como continente autônomo. A superestimação do mundo intelectual leva ao maior dos perigos. Decerto, a vulnerabilidade da vida humana requer o conhecimento, mas o orgulho do conhecimento é imaginar que o universo corresponde ao seu conhecimento, que ele é da mesma natureza que o seu conhecimento, como se os "olhos do universo" estivessem voltados para o homem. O que é o conhecimento, a não ser unicamente o instrumento de ação de seres efêmeros e vulneráveis? Este mundo verdadeiro, intelectual, é um produto da vida humana que nada diz sobre a significação última do cosmos.

> Não há para o nosso intelecto missão que possa ultrapassar o domínio da vida humana. [...] Se pudéssemos compreender a mosca, perceberíamos que ela se move no ar animada por essa mesma paixão e que sente voar consigo o centro do mundo. Não há nada tão desprezível e insignificante na natureza que, como um odre, não inche imediatamente após o menor eflúvio desse impulso de saber; e, assim como todo carregador quer ter seu admirador, o mais orgulhoso dos homens, o filósofo, acredita também que os olhos do universo estão voltados como um telescópio para o seu agir e seu pensar.[130]

---

130 Ibid., p.277.

Assim como – antes de Nietzsche – em Schopenhauer e – mais tarde – em Bergson, a responsabilidade pela humanização do mundo recai sobre o intelecto.[131] Desde há muito tempo, Nietzsche pressente que o intelecto humano cria um além--mundo que pesa inteiramente sobre a Terra. A pretensão do conhecimento de alcançar um mundo em si, inumano, só faz erigir o mais humano dos mundos, mas também o mundo mais pesado. Nos textos ulteriores, Nietzsche jamais abandonará essa crítica da antropomorfização do mundo.[132] Nossa vida humana forma um mundo à sua medida, diz *A gaia ciência*; nossa ciência prolonga nossa ação, ela *humaniza* a Terra.[133] Imensa projeção antropocêntrica, imensa imodéstia, que culmina na crença dos "cientistas materialistas [...] em um mundo que supõe obter sua equivalência e medida no pensamento humano, nos humanos conceitos de valores, na crença em 'um mundo da verdade' que seria possível apreender de maneira definitiva mediante nossa estreita e limitada razão humana".[134]

Nesse sentido, o mecanicismo materialista não seria o auge da antropomorfização do mundo? "Um mundo essencialmente

---

131 Ibid., p.277.

132 XIII, 9 (44). V, *Le Gai savoir*, §109: "A força dos conhecimentos não reside em seu grau de verdade, mas em sua antiguidade, em seu grau de assimilação, em seu caráter de condição para a vida". Ver também V, 15 (7). (N. T.: Na ed. bras. de *A gaia ciência* traduzida por Paulo César de Souza (São Paulo: Companhia das Letras, 2012), a citação se encontra no parágrafo §110 (livro III, p.128).)

133 V, 15 (9).

134 V, *Le Gai Savoir*, §373.

mecânico seria um mundo essencialmente *absurdo*", pois compreenderia a crença de que o mundo está sujeito aos simples cálculos da razão humana.[135]

Nesse caso, Zaratustra, por sua vez, adverte, contra outros adversários, outras crenças – teológicas ou metafísicas: o mundo suprassensível do ser, pretensamente não humano, inumano e divino, é, ainda, um mundo humano. A transcendência não tem mais valor do que o mecanicismo: ela engendra o mais humano dos mundos, o mundo mais estreito, limitado ao homem.

> Ele escapa ao homem, esse "outro mundo", esse mundo inumano e desumanizado, esse nada celeste; e as entranhas do ser não falam absolutamente ao homem, a menos que lhe falem pela própria voz do homem.[136]

Devemos considerar a análise do niilismo uma nova etapa nesse combate contra o antropomorfismo do conhecimento, da fé e da metafísica, que produz esse mundo morto e hostil à Terra. Decerto, com o advento do niilismo, eis que a verdade vacila, as pirâmides, os columbários, os cenotáfios, os ídolos, as bases dos além-mundos desmoronam, o mundo verdadeiro e humanizado se revela enganador. Porém, ao desabar, o mundo da verdade também arrasta o mundo existente. A ausência de verdade se volta contra a Terra. O que se exprime nessa reviravolta? O que a torna possível? Sem dúvida, o encolhimento

---

135 V, ibid.
136 *Zarathoustra*, "De ceux de l'outre-monde", p.69.

da Terra deve ser visto como o estreitamento do horizonte terrestre, a última consequência do desastre da humanização do céu e do cosmos pelos ideais humanos. Envolta pela bruma dos valores supremos da humanidade, a Terra empalidecia – a imodéstia humana a anexava à sua ordem. A modernidade reforça essa imodéstia. Quanto mais o homem se apequena – sem força criadora –, mais aumenta sua imodéstia.

"A espécie inferior – 'rebanho', 'massa', 'sociedade' – desaprende a modéstia e amplifica suas necessidades a ponto de se tornarem valores *cósmicos e metafísicos*."[137]

É um *leitmotiv* nietzschiano: o homem não pode penetrar o ser em si, nenhum fundo é acessível. Vimos do que depende a vontade de verdade. A vontade de verdade é um sintoma: o sintoma de uma incapacidade de criar, o desejo de não mudar. As "pirâmides lógicas", os meios de que dispomos para mumificar o vir a ser, os "columbários romanos" onde depositamos as coisas, as imensas "arquiteturas" conceituais que aplicamos à fluidez do vir a ser – acreditamos que tudo isso exprime a verdade. Mas essas construções traduzem apenas uma incapacidade de criar, a vontade de se refugiar em um mundo imóvel. Quando há carência ou esquecimento de toda força criadora,

---

137 XIII, 9 (44); V, 15 (7): "A ciência apenas continua o formidável processo que teve início com o primeiro ser orgânico; ela é uma força criadora, formadora, constitutiva, e não o oposto dessa força criadora, formadora, constitutiva, como a concebem os insensatos! Nós privilegiamos a ciência, meus amigos! Ou seja, cedo ou tarde, absolutamente nada além disto: *nós privilegiamos o homem* e o tornamos mais inerte e mais imutável".

a Terra se fixa primeiramente no ser, astro morto, antiterra. Então chega o tempo do niilismo moderno, no qual o além-mundo em desaparecimento se volta contra a Terra, a antiterra contra a Terra, o homem contra *seu* mundo. A Terra está morrendo precisamente de quê? Do próprio homem, de seus ideais vazios, de seus mundos mortos, de seu cosmos inerte. Duplo desespero da Terra: pela criação de além-mundos e pelo efeito da negação niilista da Terra. A impotência e a fadiga do homem criaram os além-mundos e "o outro mundo" da verdade. É essa impotência que, com o niilismo, se volta contra a Terra, para reduzi-la a nada: "ela criou todos os deuses e além-mundos. Foi o corpo da Terra que desesperou – que ouviu o ventre do ser a lhe falar".[138]

Acaso não é exatamente contra os "pregadores da morte" que Zaratustra pretende restituir "sentido à Terra"?[139] Todos os nossos valores humanos só atribuem às coisas um "sentido humano", de modo que Ser ou Deus são apenas esse sentido humano que sobeja no coração do "em si", uma "loucura humana".[140] Quando a crença na verdade desaparece e os valores supremos se dissipam como "fantasmas", o futuro da Terra participa de uma constelação sombria. A Terra, que já não era mais do que a sombra do céu inteligível criado pelo homem, subitamente perde toda consistência. No Zaratustra, o estrei-

---

138 *Zarathoustra*, "De ceux des arrière-mondes", p.42.
139 Ibid., p.43.
140 Ibid., "Des mille et une fins", p.98-9; "De ceux de l'outre-monde", p.69.

NIETZSCHE – O MUNDO DA TERRA

tamento da Terra é o primeiro indício do niilismo; o Último Homem, sem vontade, sem ideais, sem verdade, incapaz de criar, percorre uma Terra minúscula, insignificante, inconsistente: "a Terra se tornou diminuta, e nela coxeia o último homem, que tudo apequena".[141]

Portanto, faz-se necessário ler os fragmentos sobre o niilismo como uma cartografia dos tipos de poder e de relações com o mundo, como uma psicologia das forças de negação da Terra. Teremos compreendido que a Terra designa "o único mundo", o "mundo tal como ele é", o mundo do vir a ser, o mundo dos corpos e da vida. Os termos "Terra", "único mundo", "vida", "natureza" se sobrepõem na escrita de Nietzsche. Os textos sobre o niilismo estabelecem como tema central a questão dos tipos de percepção do mundo, os tipos de valoração ou desvalorização da Terra, uma verdadeira psicologia da apreciação e da depreciação da nossa relação com os mundos sensíveis e suprassensíveis, que atravessam a filosofia desde o seu período socrático.

Esboços muito diversos mostram que o livro sobre a *Vontade de poder* devia tratar do "niilismo europeu" do ponto de vista psicológico. Porque o niilismo é, antes de tudo, "um estado psicológico" perante o mundo. Nietzsche opta por uma redução psicológica que busca as forças inconscientes que determinam a insatisfação diante do "único mundo" (desvalorização da Terra), os tipos de forças que atuam na negação do mundo terrestre. Ele multiplica as explicações psicológicas do niilismo,

---

141 Ibid., Prologue, p.5.

para melhor sondar as diversas maneiras de voltar a negação do mundo verdadeiro contra o mundo existente, para compreender como a Terra pôde tornar-se o objeto da vontade de nada já contida na vontade de verdade. No fundo, o niilismo reside neste encadeamento: ao desmoronar, a verdade, que formou outro continente, outra constelação separada da Terra, arrasta a Terra em seu rastro. É o mundo real onde vivemos que parece então definitivamente privado de sentido.

Do ponto de vista psicológico, essa depreciação do mundo terrestre merece ser examinada. É notável que, nos cadernos sobre a *Vontade de poder*, Nietzsche despenda tanta energia com os motivos psicológicos da desvalorização da existência e do mundo. Com efeito, ao partir do mundo verdadeiro, o nada chega ao mundo, a *este* mundo. Por que motivos? Mediante quais forças? Qual é a psicologia que atua aqui? Por que tamanha insatisfação? Por qual caminho estranho a filosofia niilista se convence de que nenhum acontecimento tem sentido, que nenhum acontecimento deveria ocorrer, que todo "ser" é inútil? Como alguém é levado à desolação e ao desespero?

> O filósofo niilista está convencido de que todo acontecimento é vazio e desprovido de sentido; e que não deveria haver mais nenhum ser vazio ou desprovido de sentido. Mas de onde vem esse "não deveria haver"? Mas de onde se toma *esse* "sentido", essa medida? No fundo, o niilista entende que a visão de tal ser insípido e inútil suscita a insatisfação do filósofo de forma aflitiva e desesperadora.[142]

---

142 XIII, 11 (97).

Num longo fragmento dedicado à "Crítica do niilismo", Nietzsche estabelece três origens genéticas do sentimento de insatisfação com o mundo.[143] Nesses três casos, trata-se sempre de uma profunda decepção que leva ao juízo de que o mundo é desprovido de sentido e encontra-se reduzido a uma engrenagem absurda. Os motivos para incriminar a Terra e negar sua realidade (*nihil*) procedem das categorias da razão – do mundo verdadeiro – que não se encontram mais no mundo existente.[144] Portanto, a questão é saber como se passa da crença na verdade à descrença na verdade e, em seguida, ao niilismo que oprime a única Terra, o único mundo, o singular mundo, o *nosso* mundo. Compreender-se-á que a depreciação do mundo sempre se implanta em nós a partir desse *vis a tergo* que é o sentimento da verdade.

Logo, para compreender a depreciação do mundo, é preciso começar pelo mundo da verdade. De três maneiras distintas, a falta se instala no coração deste mundo, a partir do mundo da verdade. Em três ocasiões, o mundo terrestre se encontra desprovido de ser e, por fim, se dissolve no nada. Na modernidade, o primeiro impulso da depreciação da Terra é provocado – inclusive nas ciências modernas – pela compreensão de que o mundo não alcança nenhum objetivo, nenhum fim, nenhuma ordem moral, nenhum progresso universal, nenhuma "harmonia entre os seres", "de que o vir a ser não leva a *nada*, não alcança *nada*":

---

143 XIII, 11 (99).
144 "A crença nas categorias da razão é a causa do niilismo", XIII, 11 (99).

todo finalismo, todo evolucionismo, todo objetivo desaparecem. Este mundo privado de finalidade e objetivo é completo em si mesmo; porém, ele é psicologicamente percebido como um mundo desprovido do essencial. O que lhe falta é o "nada" que o define. Logo, não basta dizer que o mundo não tem fim ou objetivo: para se chegar ao niilismo, é preciso acrescentar que, em relação a esse mundo que se encontrava impregnado de valores, o mundo sem fim e objetivo se apresenta despojado de valores.[145] O sentido do niilismo é essa psicologia da falta, a passagem de uma ausência de ser a uma carência de ser. Uma psicologia da perda o define: a imensa perda do ser. O vir a ser que não leva *a nada* se confunde com o fato de que o vir a ser *não é nada*.

Uma segunda ocasião para a depreciação da Terra resulta da consciência de que o mundo não apresenta nenhuma totalidade, nenhuma organização, nenhuma sistematização. Mais uma vez, a falta de ser substitui o ser. Para aquele que acredita na verdade, o mundo tem necessariamente a forma de uma totalidade soberana que coroa o múltiplo: Deus, alma do mundo, Uno, substância infinita. A compreensão de que não há totalidade nem unidade que governe os fenômenos destrói no homem o "sentimento de ligação e dependência de uma totalidade".[146] Notar-se-á que Nietzsche não deixa de atacar, inclusive nesse texto, a ideia de um mundo infinito, de um "monismo" abrangente que nos revelaria nossa própria verdade. Com efei-

---

145 XIII, 11 (99).
146 XIII, 11 (99).

to, não há ideia mais reconfortante do que a de ser envolvido por um infinito, a ideia de ser o modo de uma substância infinita, o filho de uma alma cósmica, a parte de uma totalidade. Todavia, concebido dessa maneira, esse mundo total não continua sendo antropomórfico? Não houve outra maneira de o homem adquirir certeza de seu próprio valor: "ele concebeu tal totalidade para poder acreditar em seu próprio valor".[147] Como se o homem só conseguisse valorizar a si mesmo mediante "uma totalidade de infinito valor", apenas mediante um infinito que o atravessa e lhe concede uma existência legítima.[148] Veremos que o mundo como vontade de poder, pelo contrário, nos convida a pensar outro tipo de inclusão: o pertencimento a um todo-múltiplo que não seja uma totalidade.

Enfim, a terceira ocasião para o aparecimento do niilismo reside na criação final de um mundo metafísico. Quando grandes objetivos e grandes unidades são extirpados do mundo real, trata-se de conquistar um mundo suprassensível, último refúgio da verdade. O niilismo consuma-se quando o próprio mundo metafísico cai em descrédito: a "*última forma do niilismo inclui a descrença em um mundo metafísico*".

"As categorias 'fim', 'unidade', 'ser', por meio das quais introduzimos um valor no mundo, eis que as retiramos – e doravante o mundo parece sem valor."[149]

---

147 XIII, 11 (99).
148 XIII, 11 (99).
149 XIII, 11 (99).

No final, tudo o que resta é o mundo do vir a ser, decepcionante, desprovido de sentido, insuportável, no sentido literal, e, no entanto, presente... Esse mundo que Nietzsche chamará de "o único mundo". Esse mundo não é percebido em si mesmo, "tal como ele é", mas como aquilo que ele não é. Ele é percebido sob o prisma da psicologia da perda que acompanha o desmoronamento da verdade: ele é então matizado com a negatividade total, é um mundo depreciado, abjeto e imundo que substitui a verdade.

A antiterra

O que importa, afinal de contas, no niilismo, é o fato de que o processo de humanização do cosmos se volta contra a Terra. A insana humanização do cosmos, por meio dos valores supremos da humanidade e da imodesta projeção do homem nas coisas, se transforma em nadificação da Terra. A Terra infinita, pelo contrário, será a Terra aberta a todas as perspectivas, liberada da imodéstia humana, a possibilidade enfim compreendida de que "o mundo" encerra "uma infinidade de interpretações".[150]

Dizíamos que não podemos compreender o niilismo se não partirmos da vontade de verdade e da antropomorfização do conhecimento e do mundo que o acompanha. A vontade de verdade não duvida da existência de um mundo submetido aos

---

150 V, *Le Gai Savoir*, §374.

princípios lógicos humanos. Esse mundo é o mundo tal como ele "deveria ser", sem sofrimentos nem inquietações, abonador de segurança e de paz.[151]

Ao proceder assim, a vontade de verdade, desde o início, carrega consigo os germes do niilismo, ou seja, as causas de uma depreciação do mundo real. Imaginar um mundo verdadeiro, tal como ele deveria ser, já é querer se separar do mundo existente. É evidente que a negação do mundo real concerne à posição de um mundo suprassensível enquanto tal. A edificação de um mundo, "tal como ele deveria ser", não pode deixar de repercutir imediatamente no mundo "tal como é". Isso significa que a negação do mundo existente, do mundo do vir a ser, é consubstancial à formação de cada mundo verdadeiro.

"A negação lógica do mundo e o niilismo decorrem do fato de que precisamos opor o ser ao não ser, de que o conceito de 'vir a ser' é negado ('algo' *vem a ser*)."[152]

Da mesma maneira, um fragmento posterior mostra como nosso mundo existente, julgado de acordo com o mundo verdadeiro, começa a perder todo interesse vital; por que a vida deve se afastar dele, não se adaptar a ele, resistir a ele: "A noção de 'mundo verdadeiro' sugere que este mundo é um mundo inverídico, enganador, ímprobo, inautêntico, não essencial − e, *por*

---

151 XIII, 9 (60).
152 XIII, 9 (63).

conseguinte, pouco favorável aos nossos interesses (não é aconselhável se adaptar a ele, ou melhor, *resistir* a ele)".[153]

Ainda que o processo de nadificação se inicie com *a afirmação* de um mundo verdadeiro, todavia, o verdadeiro niilismo, o niilismo consumado e completo, começa com *a negação* do mundo verdadeiro. Com efeito, o mecanismo de negação mais poderoso é desencadeado pela *descrença* no mundo verdadeiro, pela decepção diante da constatação de que o mundo verdadeiro pode não existir. É nesse sentido que o niilismo passivo e o niilismo patológico levam a termo a negação contida na vontade de verdade. Eles se caracterizam por um empobrecimento da força criadora que os fragmentos preparatórios à *Vontade de poder* expõem em várias ocasiões. Enquanto a vontade de verdade ainda manifesta a força de criar ou interpretar o mundo, mesmo como mundo verdadeiro, o niilismo perde essa força: falta-lhe a vontade de interpretar. Antes nada querer do que também querer interpretar:

> A vontade de verdade nesse nível é essencialmente *a arte da interpretação*, que, pelo menos, sempre pressupõe a força da interpretação.
>
> Essa mesma espécie de homem, ainda um nível *mais pobre, por não possuir mais a força de interpretar*, de criar ficções, produz o niilista. Niilista é o homem que julga que o mundo, tal como é, *não deveria ser*, e que o mundo, tal como deveria ser, não existe.[154]
>
> "Este nosso mundo não deveria existir."[155]

---

153 XIV, 14 (168).
154 XIII, 9 (60).
155 XIII, 9 (60).

O niilismo consumado é, por assim dizer, a última etapa da vontade de verdade, sua realização letal. Ele torna plenamente visível a negação do sensível que sustentava a afirmação do mundo suprassensível; em uma palavra, ele mostra que a vontade de verdade sempre foi "oculta vontade de morte", como afirma *A gaia ciência*.[156]

Podemos dizer que Nietzsche nos revela aqui a fórmula mais exata do niilismo. Duas negações concomitantes são necessárias para engendrar o niilismo: "o mundo, tal como é, *não* deveria ser, e que o mundo, tal como deveria ser, *não existe*". Avaliar o mundo existente de acordo com um mundo ideal (que não existe), tal é a espiral infinita do niilismo, a terrível evolução em espiral da negação que passa do inexistente ao existente. O movimento de negação desencadeado se volta contra a Terra, trazendo consigo a morte simultânea do mundo existente e do mundo ideal. Como Heidegger afirma acertadamente, "a destituição do suprassensível também suprime o puramente sensível", ela conduz ao in-sensível, ao in-sensato.[157] A repentina desvalorização de todos os valores é sua última consequência. Não há mais nenhum valor que esteja fora de perigo, não há valor nenhum que ainda forneça uma referência. Esse derradeiro momento de desorientação parece desabar de "todos os lados" em um nada infinito.[158]

---

156 V, *Le Gai Savoir*, §344.
157 Martin Heidegger, "Le Mot de Nietzsche, 'Dieu est mort'", op. cit., p.253.
158 V, *Le Gai Savoir*, §125.

Essa reviravolta da negação que vai de encontro ao mundo existente é sublinhada com frequência nos fragmentos sobre a *Vontade de poder*, como se Nietzsche compreendesse a lógica subterrânea do niilismo, como se ele entendesse sua causa secreta, o encadeamento fatal. A queda do mundo verdadeiro não concerne apenas ao mundo verdadeiro, o importante é o fato de que ela arrasta *também* o "mundo existente", ou seja, "este mundo", o "mundo do vir a ser". Quando todo o céu ideal desaba nos abismos do nada, a própria Terra é arrastada, aniquilada. A ausência de mundo verdadeiro se transforma em ausência de *verdade do mundo*, Terra infértil.

A significação geral do niilismo se delineia: abstraindo-se do niilismo ativo, todos os tipos de niilismo se encerram numa equação infernal. Para eles, o fato de não haver *mundo da verdade* significa que não há *verdade do mundo terrestre*. A verdade não é deposta, não desaparece, não se limita a desaparecer sem antes se voltar contra o mundo terrestre. Como dizíamos, a Terra morre dos ideais humanos, do próprio homem. Zaratustra não terá outro projeto senão o de "superar o homem".[159]

É por isso que surge outra questão que se mostra decisiva para o futuro? Como a negação do mundo verdadeiro pôde fazer a Terra desabar de seu eixo e, em sua queda, arrastar todos os valores terrestres? Como os valores mais inférteis triunfaram sobre a fertilidade da Terra? Que aberração fez com que o

---

159 VI, *Ainsi parlait Zarathoustra*, "De l'homme supérieur", §3, p.346.

mundo existente se tornasse o objeto da negação mais insana? Acaso foi a abjeção que se introduziu no mundo por meio desse mecanismo? Acaso não fizemos desse mundo tornado abjeto a fonte da nossa decepção, ironia derradeira dessa engrenagem escolástica, dessa insensata espiral negativa, enquanto sua causa era a decepção diante da constatação de que o mundo não é real?

> Desnaturação dos *valores*. Escolástica dos valores? Os valores, liberados, no sentido idealista, em vez de dominar e orientar o fazer, voltam-se contra o fazer, condenando-o.
>
> [...]
>
> O mundo *abjeto* diante de um mundo artificialmente construído, "verdadeiro, precioso".
>
> Finalmente: descobre-se com quais materiais se construiu o "mundo verdadeiro"; e doravante resta apenas o mundo abjeto – e *coloca-se aquela decepção na conta dessa abjeção.*[160]

Logo, será preciso inverter essa inversão dos valores. Sabemos que, no verão de 1888, Nietzsche abandona o projeto sobre a vontade de poder. É significativo que seu novo projeto tenha tratado precisamente da *Transvaloração de todos os valores* e que o primeiro livro desse projeto tenha sido *O Anticristo*. Este será o único livro publicado daquele projeto. Em seguida, Nietzsche dirá que esse livro sozinho constitui a *Transvaloração*. Nos cadernos preparatórios à *Vontade de poder*, são atribuídos – um logo após o outro – dois títulos de

---

160 XIII, 9 (107).

livros que marcam essa transição inequívoca [fragmentos 11 (415) e 11 (416) do volume XIII]: "*A vontade de poder: transvaloração de todos os valores/ Transvaloração dos valores*, livro 1: o Anticristo; livro 2: o misósofo; livro 3: o imoralista; livro 4: Dionísio".

Desde então, *O Anticristo* carregará sobre seus ombros a pesada tarefa de inverter o curso da história da humanidade, de inverter o mecanismo da negação (*anti-*). É por isso que teria sido melhor conservar o sentido original do prefixo ant(i)- e escrever *Anticristo* [*Antichrist*] em vez de Antecristo [*Antéchrist*]. Antecristo é uma denominação tardia e eclesiástica.[161] Nietzsche utiliza o termo Anticristo assim que compreende que a lógica da negação niilista tem uma figura cultural milenar e histórica: o cristianismo. O termo indica uma oposição a Cristo e ao Crucificado, símbolo da antiterra por excelência, que Nietzsche distingue de Jesus. Na história do Ocidente, o cristianismo encarna a reação niilista ao mundo, a difamação do mundo, a incriminação dos valores vitais, a "desnaturação de todos os valores naturais".[162] Se alguma vez essa linha de pensamento adquire sentido, é também nos cadernos preparatórios.

---

161 Yannick Souladié, "L'Antichrist en tant que personnage politique". In: *Nietzsche penseur de la politique? Nietzsche penseur du social?*, p.151-92; "Eine Philosophie des Antichrists". In: *Jahrbuches für Religionsphilosophie*. Friburgo: Band 13; Munique: Karl Albert, 2014, p.27 et seq.; "Antichristianisme et hérésie". In: Y. Souladié (dir.), *Nietzsche: l'inversion des valeurs*, p.98.

162 VIII, *L'Antéchrist*, §25, p.182.

NIETZSCHE – O MUNDO DA TERRA

Esses fragmentos já contemplam "uma genealogia do cristianismo" e uma guerra contra o cristianismo.[163]

Porém, esse ataque ao cristianismo não deve nos fazer esquecer o essencial. A oposição entre a crença no mundo verdadeiro e o *nosso* mundo não concerne apenas ao cristianismo: ela é a pedra angular de todo o edifício científico, metafísico e teológico da história ocidental. Onde há dualismo, ali está, subterrânea, a vontade de morte. Nietzsche está convencido de que o mundo da verdade envolve ciência, metafísica e religião no mesmo desejo de morte. É por isso que nos custa criticar o mundo da verdade: nós ainda alimentamos toda crítica à origem da verdade e criticamos a verdade em nome de verdades superiores (aquelas da ciência, da sociologia, da história…). Dificilmente nos afastamos da crença na verdade, da piedade para com a verdade, da divindade da verdade. Nossa ciência ainda é metafísica: ela também acredita nos além-mundos, ela acredita na verdade. Voltar ao *nosso* mundo, contra o mundo morto compreendido na vontade de verdade, afirmar *este mundo*, contra toda forma de verdade – tal é o projeto que *A gaia ciência* esboçava e que os cadernos sobre a *Vontade de poder* levam ao ponto mais candente.

> Mas já terão compreendido aonde quero chegar, a saber: que nossa fé na ciência ainda repousa numa *crença metafísica* – e que nós, que hoje buscamos o conhecimento, nós, sem Deus e antimetafísicos, ainda tiramos *nossa* chama desse fogo que uma fé milenar inflamou, dessa crença cristã que também era

---

163 XIII, 10 (118).

aquela de Platão: a crença de que Deus é a verdade, de que a verdade é divina...
Mas como, se precisamente isso se desacredita cada vez mais, se tudo deixa de
se revelar divino, a não ser o erro, a cegueira, a mentira – e se o próprio Deus
se revela como a nossa mais duradoura mentira?[164]

As duas formas do pessimismo: vontade má e astenia da vontade

Há impiedades que ainda são formas de piedade. O pessimismo ocupa um lugar importante nos cadernos sobre a *Vontade de poder*, pois ele representa um estado derivado do niilismo radical, a incapacidade de atribuir sentido ao mundo, na ausência de mundo ideal, ou, ainda, a substituição de um mundo mau pelo mundo bom: "O niilismo radical é a convicção do caráter absolutamente insustentável da existência [...] *A lógica do pessimismo até o derradeiro niilismo: o que opera aí?* – conceito de ausência de valor, da insignificância".[165]

O pessimismo é também uma consequência da vontade de verdade levada a seu termo: a verdade descobrindo que não há verdade. Mas o que caracteriza o pessimismo é o fato de que, sem deixar espaço para a verdade, ele ainda pensa à sombra dela. Ele ainda acredita na verdade, mesmo quando ela desapareceu; ou, se ele aceita o seu desaparecimento, é apenas para se encontrar desamparado, com uma vontade sem qualquer móbil. Sua convicção é a de que, sem verdade, resta apenas um mundo mau, o pior dos mundos. "O mundo

---

164 *Le Gai Savoir*, §344.
165 XIII, 10 (192).

abjeto diante de um mundo artificialmente construído, 'verdadeiro, precioso.'"[166]

Em uma das suas primeiras formas, o pessimismo transfere o absoluto da verdade para um mundo sem verdade e afirma que o mundo é *absolutamente* mau, que a existência não só não tem nenhum sentido, mas também que ela é o fruto de uma vontade má. Vemos essa transformação de Deus em vontade má e absurda operar na obra de Schopenhauer.[167] Com efeito, Schopenhauer é o autor mais frequentemente visado nos fragmentos da *Vontade de poder* concernentes a esse pessimismo. Nietzsche considera que o pessimismo metafísico de Schopenhauer continua sendo uma variedade do "teísmo cristão", ainda dependente de uma lógica do absoluto, de uma incapacidade de abandonar o ideal cristão do absoluto. A supressão do mundo bom apenas se transformou na afirmação de um mundo mau. Porém, "ainda assim, ele [Schopenhauer] não renunciou a esse ideal absoluto".[168] A "coisa em si" foi de tal modo preservada que, não podendo mais ser boa, tornou-se má. Logo, o fundamento do mundo não é mais Deus "no ápice como uma *verdade dada*", mas a "vontade má e cega", enquanto o ideal que governa os fenômenos não é mais o bom, mas o mau; o valor não é mais a força de vontade, mas a compaixão, a *caritas*. Schopenhauer continua sendo metafísico,

---

166 XIII, 9 (107).
167 XIII, 10 (192).
168 XIII, 10 (150); 11 (361).

pois ainda acredita na "coisa em si"; ele continua sendo cristão, pois ainda acredita em um ideal absoluto. A lassidão diante do mundo – variedade comum do pessimismo – prevaleceu, e o que domina é o não-mais-querer, a abnegação do querer, o querer que se nega a si mesmo diante deste mundo mau, que faz do "ódio para com a vontade" o valor superior por excelência, e da compaixão, a única virtude (elogio da fraqueza).[169] A "religião da compaixão", a necessidade de ajudar e a moral da compaixão são os males do século, eles assinalam a abdicação de tudo querer, o desejo de "desviar-se de seu próprio objetivo".[170]

Em outros fragmentos, a redução do mundo ao sofrimento ou ao prazer é menos importante do que a ausência de sentido. A experiência do mundo sem verdade termina por engendrar a pura passividade do sentido. Nessa segunda versão, o pessimismo é a resignação do sentido antes mesmo de ser resignação perante um mundo mau, antes de ser uma reação "débil e sentimental" diante desse mundo mau.[171] O que muda é o fato de que aparece um "tipo de homem que não ousa mais estabelecer uma vontade, uma intenção, *um sentido*".[172] A *astenia da vontade* envolve em "vapores soturnos" essas novas variedades de pessimismo: fatalismo, naturalismo, religiões, metafísicas, fanatismos, cientificismos...[173]

---

169 XIII, 9 (170).
170 V, *Le Gai savoir*, § 338.
171 XIII, 9 (107).
172 XIII, 9 (107).
173 V, *Le Gai savoir*, § 347.

Aqui o pessimismo se torna fraqueza do sentido, recusa do sentido após o desastre do sentido ideal. Depois da queda da verdade, a filosofia é convocada por esta outra necessidade: "introduzir um sentido: essa tarefa *ainda está* absolutamente por fazer, supondo que *aí não há sentido nenhum*".[174] Porém, quando falta a força de vontade, não nos apropriamos mais do mundo, não o criamos mais – nele introduzimos mais sentido, nele nos dissolvemos, a ele aderimos, a ele nos resignamos, compreendemo-lo. Os sintomas de tal resignação do sentido são numerosos na filosofia, mas também em qualquer outra parte: historicismo ("tudo compreender"), sentimentalismo cosmopolita (tudo suportar), nacionalismo (recuo da política), budismo (resignação), piedade (adesão), romantismo (inclusão num todo), fenomenalismo (mundo sem fundo, ilusório), exotismo cultural (tudo se equivale), distrações e divertimentos (fugir do mundo), tolerância ("incapacidade de dizer sim e não"). Eles formam um quadro muito sombrio da modernidade e das múltiplas reações e reatividades que se seguem ao desaparecimento de um mundo ideal e de um mundo bom: eles manifestam a incapacidade de assumir a questão do mundo, de "entrar na era trágica da Europa", na era dionisíaca.[175]

O fato de não se alcançar êxito em "introduzir sentido" no mundo ("todo acontecimento é vazio e desprovido de sentido") entrega o mundo ao historicismo, à objetividade neutra,

---

174 XIII, 9 (48).
175 XIII, 9 (83).

ao culto do fato, à submissão fatalista ao fato. Todas as variedades de pessimismo – literário, moral, científico, metafísico – dependem dessa resignação do sentido. Assim, na arte, começa-se a observar, a naturalizar, a espiar a realidade, a "observar por observar", a registrar os fatos, a fazer estudos "segundo a natureza": naturalismo, descrição, pitoresco.[176] O pessimismo na arte é essa recusa da transfiguração, da submissão a um afeto poderoso, como se a arte tivesse de ser desinteressada, sem vontade, sem objetivo: romances naturalistas, "música descritiva".[177] Por toda parte surge a era do "segundo budismo", ou seja, do recuo total e resignado dos valores. A psicologia se reduz à piedade; a moral, ao prazer/desprazer; a política, à guerra entre nações, ou, inversamente, à "fraternidade"; a religião, a valores sem dogmas ou fábulas; a arte, ao estudo segundo a natureza; a ciência, à objetividade...[178] *A arte pela arte, a moral pela moral e o verdadeiro pelo verdadeiro* indicam esse descomprometimento dos valores, o predomínio do juízo desinteressado, espécie de neutralidade e universalidade nas formas estéticas, morais e intelectuais.

A crítica ao pessimismo se posiciona contra esse recuo da vontade. O fato de que todas as questões modernas giram em torno do prazer e do desprazer é um importante indício da ascendência de um pessimismo passivo, como se o prazer e o

---

176 XIII, 9 (110).
177 XIII, 9 (119).
178 XIII, 9 (82).

desprazer em si fossem objetivos a serem alcançados ou evitados, como se eles tivessem um sentido em si mesmos, como se nenhum outro sentido pudesse ser encontrado nas coisas. Em um fragmento intitulado "Para a crítica do pessimismo", Nietzsche evoca aquilo que, para ele, seria a "grande paixão", ou o "pessimismo dos que têm a força de agir":

> O fato de que algo seja cem vezes mais importante para nós do que saber se *nós* nos sentimos bem ou mal: instinto fundamental de todas as naturezas fortes; por conseguinte, também mais importante do que saber se *os outros* se sentem bem ou mal. Enfim, o fato de termos um objetivo pelo qual não hesitamos em *sacrificar vidas humanas*, em correr todos os riscos, em assumir tudo o que há de ruim e tudo o que há de pior: *a grande paixão*.[179]

A abnegação, o desinteresse, a objetividade, a arte pela arte, o retorno à natureza, o fatalismo, a piedade, a observação, o pitoresco, a descrição, o historicismo, o nacionalismo, a tolerância, a sentimentalidade, o "pessimismo da sensibilidade" (a falta de resistência às excitações), a simpatia, "o pessimismo social" (anarquia), "o pessimismo da dúvida" (o medo de "apreender e de alcançar"), o budismo, a filosofia de Schopenhauer (vontade má da natureza e idealismo da compaixão) e a de Rousseau (associação entre idealismo e "retorno à natureza", a vaidade para compensar o desprezo de si, a dignidade moral para compensar uma natureza doente, o tema da "abjeção" transposto para a moral…) são outras tantas formas do pessimismo,

---

179 XIII, 9 (107).

outros tantos traços da modernidade, outras tantas variantes da resignação do sentido, da incapacidade de produzir sentido por meio de sua criatividade.[180] Em seus cadernos sobre a *Vontade de poder*, Nietzsche decifra os mil meandros do pessimismo, os mil sintomas desta nova doença: não querer atribuir sentido.

Assim, o cansaço da vontade que caracteriza o pessimismo se propaga de duas formas: considerar o mundo mau, abjeto, injustificável, culpado, ou, ainda, não querer encontrar um sentido para ele. O que exprime o pessimismo é a incapacidade de aceitar um mundo doravante sem verdade e desprovido de sentido (antes resignar-se do que criar seu mundo), ou então a incapacidade de abandonar o mundo ideal (antes, ainda, um mundo mau em si do que um mundo de aparências desprovido de sentido).

Genealogia das forças

A psicologia do niilismo tem como objetivo perseguir por toda parte os mecanismos de depreciação do mundo. Porém, para empregar toda a sua força, a psicologia deve se tornar genealogia: qual vontade de poder, fraca ou forte, se exprime nos valores niilistas? Que relação com o mundo está em jogo, que tipo de mundo dela resulta? Vimos que o fato de Nietzsche

---

180 XIII, 9 (116); 9 (125): o retrato acerbo de Rousseau.

descrever o niilismo como um "estado psicológico" é um traço determinante; mas, finalmente, ele se refere à vontade de poder.

Afinal de contas, o que determina o niilismo é a direção de força que nele se manifesta: força criadora ou incapacidade de criar. Em última análise, a "redução psicológica" do niilismo revela as forças que o subjugam.[181]

É notável que o niilismo mude de figura conforme os polos que nele atuam. A mesma coisa não ocorre de modo nenhum com a ausência de verdade, conforme a direção de poder seja triunfante ou decadente. É por isso que, nas duas variedades essenciais do niilismo que se apresentam nos fragmentos – niilismo passivo e niilismo ativo, ou pessimismo passivo e pessimismo da força –, a constatação da ausência de verdade admite duas significações opostas, precisamente conforme esta última se apresenta como sintoma de uma força em declínio ou de uma força crescente. O próprio Nietzsche afirma que o niilismo tem um "duplo sentido" (*zweideutig*), precisamente porque ele está sujeito a essa dupla genealogia. A partir da ausência de verdade, é preciso decifrar dois tipos de relação com o mundo: aquele que leva a uma desvalorização do mundo (fraqueza) e aquele que leva a uma valoração do mundo (força). Por um lado, a ausência de verdade reforça a incapacidade constitutiva daqueles que "não querem criar um mundo". É ela que suscita o niilismo passivo e a profunda "decepção" de que este mundo não seja verdadeiro. A situação muda ao se observar um "*valor*

---

181 XIII, 9 (60).

mais novo, uma vez que não há mundo verdadeiro". Aos olhos dos criadores e das forças de criação, o fato de o mundo não ser verdadeiro abre o horizonte para criá-lo[182] – niilismo ativo.

Porém, se seguirmos de perto esses fragmentos póstumos em que várias formas de relação com o mundo estão em jogo, o leque do niilismo se complica de tal modo que, entre os comentadores, as classificações do niilismo não deixaram de apresentar variações. Antes de tudo, é importante lembrar que o niilismo só tem sentido em relação ao *mundo da verdade*. As classificações do niilismo – se é que tal empreendimento faz sentido – nada mais são do que diferentes respostas à ausência de verdade, uma espécie de gramática da vontade de nada. Nietzsche dá indicações demasiado parciais para formar um sistema do niilismo. As ocorrências de niilismo "ativo", "passivo", "extremo", "incompleto", "normal", "patológico", "consumado", que fundamentam todos os comentários, são demasiado raras para formar um todo acabado – geralmente elas só aparecem uma vez ou outra... Logo, diante desses termos, o que se deve reconstituir é a progressão de pensamento.

Apresentemos algumas indicações a título de referências. Nietzsche multiplica as distinções, os esboços, mas o encadeamento continua sendo a relação com a verdade. O niilismo, em seu estado "normal", é a constatação da ausência de verdade. O niilismo "incompleto" tenta substituir essa ausência de verdade por outra verdade, mas "sem inverter os valores". O niilismo

---

182 XIII, 9 (60).

"patológico" funda-se na negação de *todo sentido*, à falta do mundo da verdade. O niilismo "passivo" designa a incapacidade de criar um mundo novo, à falta de verdade. O niilismo ativo exprime a vontade de criar um mundo novo, à falta de verdade, considerando que o sentido do mundo não deve ser encontrado, mas inventado.[183]

Antes de tudo, Nietzsche insiste no niilismo como "fenômeno normal" ou "estado normal".[184] O que isso significa? O que há de normal no niilismo? O que há de normal no niilismo pode ser compreendido em relação com a crítica *da vontade de verdade*, com a denúncia de um mundo verdadeiro que tem valor por si mesmo. O niilismo como estado normal corrobora a descrença no *mundo verdadeiro*, ele ratifica a não crença no mundo verdadeiro – este último supõe que *nenhuma realidade* corresponde a um valor ou a uma crença, que, no fundo, toda crença é apenas uma maneira de lidar com as suas condições de existência. Podemos comparar este sentido com a expressão "niilismo extremo": "O fato de não haver verdade [...] – *isso é por si um niilismo*, e, sem dúvida, o mais extremo".[185] Pois, ainda que "extremo" se oponha a "normal", trata-se do mesmo niilismo. O acontecimento que sobrevém, e que nada tem de nega-

---

183 Notemos que o niilismo incompleto foi supervalorizado pelos comentários, enquanto constitui o assunto de um fragmento por sua vez muito incompleto! – XIII, 10 (42). Assim também ocorre com o niilismo ativo e o niilismo passivo, que são termos muito pouco utilizados por Nietzsche.

184 XIII, 9 (35).

185 XIII, 9 (35).

tivo, é a compreensão de que não há verdade, de que a verdade é um nada. O desaparecimento do mundo verdadeiro provoca duas reações defensivas. Em uma fase intermediária e patológica, o niilismo postula "a ausência *total* de sentido".[186] Se a verdade falta, é porque o sentido está radicalmente ausente do coração do mundo. Nada tem sentido. A perda do sentido tudo devasta: inextricável e continuamente, ela se insinua em cada coisa, em cada acontecimento, sem alternativa possível. A reação patológica consiste em estender a perda do sentido ao cosmos, em vez de restringi-la à epistemologia humana. O niilismo "incompleto", por sua vez, tenta escapar a essa ausência total de sentido ao propor outras configurações do sentido da verdade (socialismo, democracia...). Ele não chega até o limite: tenta conservar as figuras do verdadeiro; não inverte realmente os valores; não pode deixar de acreditar na verdade, mesmo sob outras formas.

São muito diferentes as duas forças que subjugam o niilismo, para além do intermediário momento patológico da generalização da ausência de sentido e do momento incompleto da busca de um novo sentido (sem transvaloração dos valores): elas são antes ações que reações. Elas respondem de duas maneiras à queda do mundo verdadeiro: seja ao buscar antídotos, proteção, segurança (mas aqui já se encontram os sinais de um esgotamento, de uma incapacidade de criar, de uma perda de forças); seja ao impor ao mundo uma poderosa criação, uma

---

186 XIII, 9 (35).

transfiguração estética e ética. Tal é a alternativa: *forças criadoras* ou *antídotos* contra a queda do mundo verdadeiro por uma decadência ainda "hesitante".

Quando o espírito não tem força suficiente para subjugar a ausência de verdade, ou seja, para criar um mundo novo, "para se atribuir uma nova meta, um porquê, uma crença", ele se enraíza em um *niilismo passivo*, para o qual toda crença é vã, a descrença crônica; para o qual a realidade é dissoluta, mas espera encontrar conforto para se proteger dessa dissolução: o seu emblema é o budismo, que, a um só tempo, preconiza a resignação e o fenomenismo (o sofrimento como único fenômeno sem nenhum sentido derradeiro). O mundo é sem valor, sem realidade, sem outro sentido a não ser o sofrimento. Quando não se acredita mais nos valores antigos, mas não se é capaz de criar valores novos, o que então se deseja a não ser encontrar o repouso, "o aturdimento", o "disfarce"?[187] Começa a decadência: "Niilismo como declínio e retrocesso do poder do espírito: o niilismo passivo."[188]

No niilismo ativo, pelo contrário, o espírito subjuga a ausência de verdade para criar seu mundo, impor sua lei; ele até

---

187 XIII, 9 (107): "A 'preponderância' do sofrimento sobre o prazer ou o inverso (hedonismo): essas duas doutrinas já são por si mesmas indicadoras, niilistas... Pois em nenhum desses dois casos se estabelece outro sentido derradeiro a não ser aquele do fenômeno do sofrimento e do desprazer. Mas é assim que fala uma espécie de homens que não ousa mais estabelecer uma vontade, uma intenção, um *sentido*...".

188 XIII, 9 (35).

reivindica a destruição de todo sentido, ele afirma sua capacidade de aceitar um mundo desprovido de sentido: "A força de *criar*, de *querer*, cresceu a tal ponto que não precisa mais dessas interpretações gerais nem dessas *inserções de sentido...*".[189]

Vê-se que a derivação psicológica do niilismo traça um estranho mapa do *nihil* em que são delimitadas as regiões do nada (relativamente à vontade de verdade – polo fixo e norteador): 1) o mundo verdadeiro nadificado (niilismo, estado normal ou extremo); 2) a reação patológica ou a perda *total* do sentido (niilismo patológico); 3) a reação defensiva, com a tentativa de substituir a ausência de verdade por outra figura do verdadeiro (niilismo incompleto); 4) o desejo de se proteger da ausência de verdade mediante antídotos (a farmácia do niilismo passivo: aturdimento, consolação, disfarce...); 5) a vontade de criar um mundo novo, já que não há mais verdade (niilismo ativo). No fundo, as linhas da cartografia do niilismo variam em função do poder e da incapacidade de criar *seu* mundo, "um fragmento de mundo". A genealogia traça um mapa dos poderes em torno do "nada".

O niilismo ativo consistirá em afirmar a não verdade do mundo como a própria condição de toda criação. O super-homem não tem outro sentido: ele é aquele que aceita a vida terrestre naquilo que ela tem de mais terrível, como poder inumano, indiferente e sem fins, sem unidade e sem verdade. Aceitar que o mundo não passa deste mundo terrestre é a

---

189 XIII, 9 (60).

própria condição de toda criação. Essa linha de pensamento leva ao *pessimismo da força*.

A guerra dos mundos

Heidegger não se enganou ao encontrar na questão da verdade o fundamento do problema do niilismo. Seu erro, porém, foi não ter discernido nenhuma ruptura entre o uso nietzschiano e o uso metafísico da palavra "verdade":

> Ao mesmo tempo que opera a inversão e a transvaloração da metafísica, Nietzsche não rompe com ela de forma alguma, mas se mantém no limite de suas tradições quando designa simplesmente como ser ou ente ou verdade aquilo que, na vontade de poder, é estabelecido para a sua conservação. De acordo com isso, a verdade é uma condição estabelecida na essência da vontade de poder, ou seja, a condição da conservação de poder.[190]

Teria Nietzsche apenas substituído a objetividade pela *justiça*, o ente pela segurança do ente, a realidade pela subjetividade, a vontade pela vontade de vontade? Conhecemos a tese de Heidegger: a reviravolta nietzschiana que vai de encontro à metafísica ainda pertence a esse movimento, a subversão metafísica da vontade de poder ainda orbita em torno da tradição metafísica. Ao desvelar a verdade, a presença, a vontade que quer a si mesma sob a entidade, Nietzsche apenas teria consumado a submissão do ser ao ente que marca o destino

---

190 Martin Heidegger, "Le Mot de Nietzsche, 'Dieu est mort'", op. cit., p.290.

da metafísica. A valoração nietzschiana da *vontade* de poder – contra a desvalorização dos valores – pertenceria ainda a essa desvalorização, ao *nihil* do niilismo.

Nessa abordagem, Heidegger se recusa a levar a sério a crítica essencial de Nietzsche ao conceito de verdade, que não se funda mais numa verdade-adequação, conforme lembra o próprio Heidegger (nem concordância com uma realidade, nem certeza da representação), como se essa crítica deixasse intacto o conceito de verdade. Entretanto, para Heidegger, a crítica de Nietzsche à verdade-adequação não dá margem a nenhuma dúvida, sua psicologia das crenças também é certa: é verdadeiro aquilo que é considerado verdadeiro; é verdadeiro aquilo que é valorado como tal por um poder transformador. A vontade de poder encontra-se em relação essencial com uma força artística de configuração, como ele o sublinha. Então, como o conceito de verdade permanece o mesmo?

Antes, a lógica dos textos de Nietzsche é desconstruir o mundo da verdade, para afirmar que jamais verdade alguma pode ser alcançada, que o mundo existente é um mundo *sem verdade*; mais ainda: a lógica desses textos é acentuar tanto quanto possível o conteúdo não verdadeiro do mundo, seu caráter totalmente irredutível a todo procedimento veritativo, a toda racionalidade, a toda idealidade, a impossibilidade de o verdadeiro se instalar em certos meandros do mundo, a impossibilidade de fundar em qualquer razão aquilo que ocorre. Essa acentuação absoluta da ilogicidade do mundo, da sua irredutível abjeção, da sua insignificância, será chamada de "pessimismo da força". Designar como "verdade" essa ausência total de verdade, como fará Nietzsche, só pode ser considerado um paradoxo, um sarcasmo contra a doxa. Não é absolutamente a continuação da história da verdade. Seria absurdo encontrar na vontade de poder uma doutrina da verdade; pois, para ela, nenhum real absoluto pode ser alcançado: são vitalmente experimentados regimes de força que não decorrem de um fundamento qualquer, mas apenas de relações de força sem objetivo nem fim, sem razão nem justiça. Se despojarmos o conceito de verdade de toda a idealidade nele depositada pela tradição – a saber: um mundo universal, regido por leis e causas, determinado, lógico, não contraditório, racional, bom... (o que faz Nietzsche) – para reter apenas o fato de que ele exprime uma força (o que faz Heidegger), não temos mais de modo nenhum o mesmo conceito de verdade e, em suma, não temos mais verdade de modo nenhum, pois é próprio do conceito de verdade ter uma universalidade fundada racionalmente, o que não é mais possível com a vontade de poder.

Como dissemos, o niilismo só pode ser compreendido em relação à história da vontade de verdade que, a um só tempo, reivindica essa universalidade e essa realidade. Ele é a derradeira consequência dessa história, o seu auge e a sua inversão. A ação da morte já estava presente desde os primeiros passos, talvez mesmo desde a civilização homérica. Quando a aversão à existência se consolida; quando o instinto da verdade prevalece sobre a tragédia e o horror do mundo; quando o mundo é destruído em nome dessa verdade; como nada – nem mesmo este mundo – está à altura de sua enorme intransigência, então o niilismo tem início.

Nos cadernos sobre a *Vontade de poder*, a incansável invocação do mundo "tal como ele é" resulta na substituição da negação niilista pela afirmação plena do mundo sem verdade. Desde então, era inevitável que esses dois "mundos" irredutíveis, ou, ainda, que essas duas relações inconciliáveis com o mundo entrassem em uma colisão frontal e provocassem uma violenta explosão cósmica. Nos últimos meses de 1888, Nietzsche redige ininterruptamente vários livros em que as duas visões do mundo travam sua derradeira batalha: *O caso Wagner, Crepúsculo dos ídolos, O Anticristo, Ecce Homo, Nietzsche contra Wagner*. Acaso não é notável observar que Nietzsche expõe a derradeira batalha entre o verdadeiro e o não verdadeiro em termos de "mundo"? Acaso ele mesmo não admitirá que todos os seus livros ulteriores foram escritos com base nos materiais dos cadernos sobre a *Vontade de poder*? É chegada a época da "colheita".[191] Em *O caso Wagner*, de fato, há duas concepções de "mundo" que se opõem: por um lado, o mundo da afirmação plena da vontade de poder, da "vontade de poder como princípio de vida" que transfigura, embeleza, justifica – esta é *sua*

---

191 "Esta é minha maior *época de colheita*. Tudo se torna simples para mim, tudo vai bem para mim, ainda que, sem dúvida, ninguém tenha tido nas mãos coisas tão excelentes. O *primeiro livro* da *Transvaloração de todos os valores* está terminado, pronto para a *impressão* [...]. Haverá *quatro* livros; eles serão publicados separadamente." Cf. "Lettre à Franz Overbeck", 18 out. 1888. In: *Dernières Lettres*, op. cit., p.164 et seq.

razão —, ou seja, o mundo romano, o mundo pagão, o mundo clássico, o mundo do Renascimento; ao passo que, por outro lado, estendem-se desmesuradamente o mundo cristão, o mundo da negação do mundo, o mundo onde o cosmos se desertifica. Esses mundos opostos são sustentados por duas morais, dois tipos de vida, dois tipos de força, dois tipos de valorações. Por isso, é inútil refutá-los logicamente. Com efeito, não são argumentos ou arquiteturas demonstrativas que os diferenciam, mas forças de vida, a capacidade ou a incapacidade de assumir a criação de um mundo. Nietzsche nos situa além do verdadeiro e do falso, em óticas de mundo diferentes, *necessárias*, expressão de valores subterrâneos irredutíveis. A ótica, diz ele, não conhece o verdadeiro nem o falso, cada mundo é uma ótica necessária. Não se refuta uma maneira de ver, ainda que ela seja o signo de uma "doença dos olhos".

> Tais formas opostas [a moral dos senhores e a moral cristã] na "ótica" dos valores são *ambas* necessárias: são duas maneiras de ver, sobre as quais os argumentos e as refutações não têm influência nenhuma. Não se refuta o cristianismo, não se refuta uma doença dos olhos. Combater o pessimismo como uma filosofia foi o ápice da estupidez letrada. Parece-me que, em ótica, as noções de "verdadeiro" e "não verdadeiro" não têm nenhum sentido.[192]

É ainda em termos de luta e "mundo" que, no *Crepúsculo dos ídolos*, Nietzsche narra as etapas do desaparecimento do

---

192 VIII, *Le cas Wagner*, Épilogue, p.53-4. Tradução modificada. Não se trata aqui do cristianismo, mas, sim, do pessimismo. Ademais, Nietzsche não fala do falso, e sim do não verdadeiro.

mundo verdadeiro em proveito da única realidade, do único mundo, da única aparência: "Como finalmente o 'mundo verdadeiro' se tornou uma fábula".[193] Lembremos que, segundo um projeto de 1888, esse capítulo seria o primeiro do livro sobre a *Vontade de poder*. O desaparecimento do mundo verdadeiro passa por seis etapas, que não são etapas históricas, mas etapas genealógicas, uma gradação no desvanecimento do mundo verdadeiro, um crescendo em direção à sua vaporização, seu esfacelamento brumoso: 1) o mundo verdadeiro acessível, encarnado – os filósofos ("Eu, Platão, sou a verdade") e a vontade de verdade; 2) o mundo verdadeiro tornado inacessível – o cristianismo (*Deus absconditus*); 3) o mundo verdadeiro indemonstrável do criticismo, porém pensável, consolação e, para tanto, fonte de imperativos – "a coisa em si" sublime, inalcançável, suprassensível; 4) o mundo verdadeiro tornado incognoscível, do positivismo moderno, que não leva mais a nada, nem consola nem salva; 5) o mundo verdadeiro considerado inútil pelos espíritos livres, quando ele é abolido; e, enfim, 6) o desaparecimento do mundo verdadeiro e, ao mesmo tempo, do "mundo das aparências" com a vontade de poder, "apogeu da humanidade" com Zaratustra.

Contrariamente ao mecanismo de negação do mundo que exila o mundo existente, esse crescendo abole o mundo verdadeiro, dissipa a bruma do mundo verdadeiro que envolvia o "mundo existente". Mas então retornamos a quê? Quando o

---

193 *Crépuscule des idoles*, p.80-1.

mundo verdadeiro é abolido, quando a negação niilista é neutralizada, o que resta? Notemos que Nietzsche precisa recorrer a denominações equívocas ou a perífrases para nomear esse mundo diferente do mundo verdadeiro, esse mundo que existe sem ser verdadeiro ou falso: "mundo existente", "mundo real", "mundo tal como ele é", "mundo do vir a ser", "este mundo", "nosso mundo"... Nietzsche não pode falar de realidade em si – pois não há realidade em si –, nem de mundo em si. A que se referem então essas denominações? A que se referem esses mundos? Acaso eles designam um mundo *aí*, sem nós, uma realidade abaixo de nós, independente de nós? Vê-se a ambiguidade dessas asserções. Somos coagidos a retornar a uma espécie de Terra, seja como ancoragem no movimento do vir a ser, que nos inclui em seu movimento ("a eterna volúpia do vir a ser"), seja como "natureza" que nos envolve, ou, ainda, como eternidade de vida à qual nossa vida pertence e da qual as dionisíacas são o símbolo ("o mais profundo instinto da vida, aquele do futuro da vida, da eternidade da vida").[194] Voltaremos a essa questão e à necessidade de manter o termo "mundo" nessa nova visão.

No *Crepúsculo dos ídolos*, o mecanismo niilista de negação da Terra (chamamos de Terra a este "mundo" que, na obra de Nietzsche, comumente envolve vir a ser, natureza e vida) é muito claramente invertido para elevá-la à *única realidade* ou ao *único mundo*. Como se, nesse momento, tudo impelisse a

---

194 *Crépuscule des idoles*, "Ce que je dois aux Anciens", §4, p.151.

uma conclusão que reúne as críticas à verdade e à realidade em si. A negação niilista é redirecionada contra ela mesma e, nessa derradeira reviravolta, não podemos mais deixar de atribuir corpo a *esta única realidade*. Os valores de "real" e de "aparência" mudam seu conteúdo, como mostra o texto a seguir, o qual precede o capítulo intitulado "Como finalmente o 'mundo verdadeiro' se tornou uma fábula". O mais real é a aparência.

A primeira tese indica a impossibilidade de *demonstrar* outro mundo que não seja o mundo terrestre; esta *impossível demonstração* é a cruz de todos os idealismos:

> *Primeira tese*:
>
> As razões pelas quais se designa "este mundo" como aparente estabelecem, ao contrário, a sua realidade – é absolutamente impossível demonstrar qualquer *outra espécie de realidade*.

A segunda tese transforma o mundo verdadeiro em pura aparência, nada, por causa de seu afastamento do *mundo real*:

> *Segunda tese*:
>
> Os signos distintivos que são atribuídos ao "verdadeiro ser" das coisas são os signos distintivos do não ser, do nada – o "mundo verdadeiro" foi construído *a partir da oposição ao mundo real*. De fato, é um mundo de aparência, na medida em que é uma ilusão de ótica moral.

A terceira tese mostra que a fabulação de *outro* mundo que não seja o mundo real é sempre uma acusação contra a vida e concerne a uma espécie de vida impotente:

Terceira tese:

Não faz sentido fabular outro mundo que não seja o nosso, a menos que admitamos que um instinto de difamação e suspeição contra a vida prevalece em nós. Nesse caso, nós nos *vingamos* da vida ao lhe opor a fantasmagoria de uma vida "outra" e "melhor".

A quarta tese mostra que a divisão dos mundos – verdadeiro e aparente –, tanto no cristianismo *como na filosofia*, é o signo da decadência, o sintoma da história da decadência:

Quarta tese:

Dividir o mundo em um mundo "verdadeiro" e um mundo "aparente", seja à maneira do cristianismo, seja à maneira de Kant (que, afinal de contas, é apenas um cristão *dissimulado*), só pode ser uma sugestão da *décadence*, o sintoma de uma vida *declinante*... O fato de o artista situar a aparência acima da realidade nada prova contra esta tese. Pois, aqui, a "aparência" ainda significa a realidade *reiterada*, mas selecionada, reforçada, corrigida... O artista trágico não é um pessimista, ele diz *sim* precisamente a tudo o que é problemático e terrível, ele é dionisíaco.[195]

Nesse contexto, o uso das aspas mostra-se absolutamente necessário, a fim de sinalizar que mundo e aparência são o objeto de investimentos relativos, de perspectivas vitais contrastadas, de forças diferentes. O fim do texto é construído justamente para evitar que essa diversidade de sentido seja obliterada. A linha argumentativa é a seguinte: a distinção entre mundo verdadeiro e mundo aparente foi engendrada por um

---

195 Ibid., "La 'raison' dans la philosophie", §6, p.79.

tipo de vida que não busca criar seu mundo, que se recusa a apoiar-se sobre o movimento e o vir a ser – vida declinante, decadente. Todo dualismo que separa mundo aparente e mundo real é signo de uma perda de criatividade. Na história da filosofia, a aparência – ou mundo real – foi desvalorizada em proveito do mundo verdadeiro, o qual, inversamente, é apenas uma aparência em relação ao real, uma "ilusão de óptica moral" que substitui o mundo real, uma perspectiva vital particular, declinante. Se, entre os filósofos da verdade, a aparência – ou mundo real – não é considerada real, Nietzsche busca mostrar que o mundo verdadeiro é uma aparência. Essa interação mostra a variação dos conceitos segundo o ponto de vista e a força vital em jogo.

No fundo, porém, qual é o objetivo de um texto como esse e da inversão que ele opera? Antes de tudo, mostrar que o dualismo é um niilismo no qual o mundo real é reduzido a uma aparência, a um nada. Essa diferença salta aos olhos quando se compara essa condição depreciada da aparência no dualismo com a significação da aparência para o artista. O artista não nega a realidade da aparência: ele a celebra, a intensifica, a estimula. A desqualificação da aparência pela vontade de verdade, ou seja, a desqualificação da vida, da natureza e do vir a ser, tem sua contrapartida na valoração da aparência pela arte. Mesmo que o artista situe a aparência acima da realidade, ele não engendra nenhum dualismo: a aparência é, para ele, uma "realidade reiterada", majorada, edificada. O artista trágico, dionisíaco, assume o vir a ser enquanto tal, mesmo naquilo que ele tem de mais terrível, para transformá-lo num instrumento de criação. Para ele, não há outro mundo a não ser a realidade sem além-mundo, e toda a sua arte consiste em intensificar a realidade sem desvalorizá-la. No fundo, a aparência e a realidade, em arte, são a mesma coisa, pois o artista não foge do mundo, ele o intensifica.

Enfim, *O Anticristo*, primeiro livro cuja redação tem em vista o novo projeto de "Transvaloração de todos os valores", após o abandono do livro sobre a *Vontade de poder*, arde com um fervor inédito, que opõe mundo do niilismo e mundo da vontade de poder. O niilismo é acusado da mais terrível guerra contra a vida, contra os valores vitais, "antítese da vida", "desnaturação de todos os valores naturais", declínio da vontade de poder:

> A vida é, a meu ver, instinto de crescimento, de duração, de acumulação de forças, de *poder*: onde falta a vontade de poder, há declínio. Afirmo que a todos os valores supremos da humanidade falta essa vontade – que, sob os nomes mais sagrados, prevalecem valores de *décadence, valores niilistas*.[196]

Após o abandono da *Vontade de poder*, a guerra dos "mundos" alcança o seu apogeu.

É compreensível o fato de que esse vocabulário realista de Nietzsche tenha introduzido um sério problema em um contexto pretensamente emancipado de todo realismo. Frequentemente, os comentadores suprimiram esse problema de duas maneiras: seja ao acusar Nietzsche de um realismo

---

196 VIII, *L'Antéchrist*, VIII, § 6, p. 164.

velado (a vontade de poder como forma de uma ontologia inconfessa de tipo clássico), seja ao afirmar que, em Nietzsche, tudo é interpretação. A questão do realismo deve ser abordada de outra maneira. Os múltiplos recursos ao vocabulário realista, sem aspas (as aspas são utilizadas apenas para mostrar que os conceitos mudam de sentido em função das perspectivas), demandam uma compreensão mais avançada. O que significa aqui esse retorno ao *nosso* mundo, à realidade? O que significa um mundo que não é verdadeiro, mas, mesmo assim, é "mundo"; um "mundo real" que não é verdadeiro, mas, mesmo assim, é "real"? O que indica essa pluralidade de denominações para expressar o mundo exterior a toda verdade?

O único mundo do pessimismo da força

Assim como há um bom uso do niilismo – o niilismo ativo –, há uma transmutação do pessimismo, que Nietzsche chama de pessimismo da força. O fato de que o mundo seja mau ou sem verdade não é mais motivo de resignação. O mundo deve ser aceito como tal; mais ainda: a *força do espírito* se mede pela capacidade de glorificar seus aspectos mais sombrios. Sem dúvida, encontram-se entre os textos mais importantes aqueles que tratam do pessimismo da força, pois eles atestam uma orientação decisiva do pensamento nietzschiano: a afirmação de um "único mundo" que compreende todos os componentes de uma antiverdade, como indica um dos prefácios escritos para a *Vontade de poder*, que segue de perto os cadernos preparatórios.

> A *concepção de mundo* com a qual topamos no âmago deste livro é curiosamente sinistra e desagradável: dentre os tipos de pessimismo até então conhecidos, nenhum parecia ter esse grau de crueldade. Falta aqui o antagonismo entre um mundo verdadeiro e um mundo aparente. Só há um *único mundo*, e este é falso, cruel, contraditório, sedutor, desprovido de sentido – um mundo assim constituído é o *mundo verdadeiro*.[197]

Portanto, Nietzsche designa como pessimismo da força o sentido desse "único mundo", sem verdade, em toda a extensão de seu horror, esse mundo terrível que adquire as propriedades de uma antiverdade, de uma antirrazão (falso, cruel, contraditório, sedutor). Evidentemente, o fato de este mundo ser chamado de "mundo verdadeiro" deve ser entendido com todas as nuances possíveis. Não há mundo verdadeiro. De novo, somos confrontados com esta questão: deve-se dizer que o mundo do vir a ser é o único mundo verdadeiro? É isso que Nietzsche nos convida a fazer. Em suma, trata-se de fazer o conceito de verdade voltar-se sobre si mesmo, de virá-lo de ponta-cabeça. Pois, mesmo que nada seja verdadeiro no vir a ser, mesmo que nada possa se adequar ao vir a ser, mesmo que o vir a ser seja precisamente o que resiste a toda prova de verdade, a toda vontade de absoluto, o que escapa a toda categoria, a toda lógica, ele é aquilo cujos efeitos experimentamos corporalmente. Nesse

---

197 XIII, 11 (415).

sentido, esse único mundo não é o mundo da verdade, nem a verdade do mundo, mas o movimento que atravessa todo corpo. A denominação de Nietzsche é intencionalmente equívoca, pois toda a verdade desse "mundo verdadeiro" reside no fato de que ele é sem verdade.

Poder-se-ia também dizer que esse único mundo é um não mundo. Deve-se concebê-lo desprovido de quaisquer propriedades: puro caos. Toda a dificuldade reside no fato de que Nietzsche mantém em sentido inverso a linguagem da verdade e do mundo. Daí essas denominações curiosas e o fato de chamar de verdade o que é sem verdade possível e de mundo o que é sem arranjo possível. Diante da história da categorização filosófica e metafísica da verdade e do mundo sobre que se discute, Nietzsche continua a falar a língua em que essa história foi exposta. Porém, não há dúvida de que seu projeto é proceder a uma inversão de sentido a partir do sentido dessa história. Assim, contra a verdade, trata-se de afirmar a verdade do que é sem verdade (o vir a ser); contra o mundo da verdade, trata-se de afirmar o mundo tal como ele é. Uma vez que o mundo verdadeiro tenha desaparecido, resta apenas *um* mundo: falso, contraditório, cruel, inumano, terrestre. Nietzsche evoca incansavelmente esse único mundo "deveniente", para opor-se à fabulação de um mundo do ser: "O mundo *essente* é uma fabulação – só há um mundo *deveniente*".[198]

Como dissemos, a significação exata dos termos "mundo" e "realidade" torna-se menos problemática se sustentarmos que a

---

198 XI, 25 (116).

coerência do antirrealismo de Nietzsche consiste em tomar por objeto o real *em si*. Por conseguinte, compreendemos que existência, aparência e vir a ser não designam mais *a* realidade ou *uma* realidade. Insistimos no fato de que os textos de Nietzsche parecem oscilar entre dois polos: por um lado, a realidade reconduzida ao sentimento vital de poder; por outro, a realidade restituída ao vir a ser. Precisamos ultrapassar essa dualidade e ir mais longe. Nesse momento, devemos ainda afirmar que esses dois aspectos são inseparáveis: a afirmação do vir a ser como realidade e a afirmação de uma força vital como algo capaz de assumir essa única realidade operam conjuntamente. Podemos até mesmo dizer que só um realismo do vir a ser permite a conciliação dessas oposições. Tomemos o exemplo de textos que, a um só tempo, insistem no sentimento vital de poder e na afirmação de um único mundo. Por essa característica, é crucial o prefácio de março de 1888, escrito para a *Vontade de poder*. Antes de tudo, Nietzsche associa tipos de realidades a tipos de força vital. Separar-se-ão os mundos da verdade e do vir a ser, por causa da *força artística* que sustenta a vida. O ponto de partida do argumento é mostrar que, por ora, a vida só foi capaz de aceitar um mundo falso, sem vir a ser, e que nenhum vivente foi capaz de viver sem crenças, sem mentiras, sem falsificações: "*Precisamos da mentira* para lograr vitória sobre *essa realidade*, contra essa 'verdade', ou seja, para *viver...*".[199] A vida impõe um tipo de realidade, precisamente aquele que a cultu-

---

199 XIII, 11 (415).

ra ocidental valoriza: a mentira sobre o vir a ser, a negação do vir a ser. De fato, essa necessidade da mentira envolve toda a cultura ocidental. Toda concepção científica, metafísica, religiosa e moral propaga essa forma da mentira "sobre a realidade" e institui falsas crenças. Toda cultura é "fugidia" perante a "verdade", "negação da verdade", leia-se negação do vir a ser (e as aspas continuam a desempenhar seu papel de marcação e transmutação do sentido). Quando Nietzsche evoca a cultura, é evidente que ele não fala então do conhecimento em si, mas do conhecimento relativo à vida, para a vida. O papel do poder de transfiguração inerente ao vital é dotar-nos de um conhecimento que nos afasta do vir a ser, nos desvia do fluxo universal.

A metafísica, a moral, a religião e a ciência só são consideradas neste livro [a *Vontade de poder*] diferentes formas da mentira: é com a ajuda delas que alguém *acredita* na vida.[200]

Logo, manifesta-se por toda parte esse poder de fabulação vital, de mentira, que se assemelha a uma criação artística necessária à vida. Nesse ponto, não há valoração do vir a ser, mas uma imensa força fabuladora que atravessa as atividades humanas para afastá-lo. Essa capacidade artística, destaca Nietzsche, o homem "a tem em comum com tudo aquilo que é: ele mesmo é um *pedaço de natureza, de realidade, de verdade*"; por conseguinte, ele também é uma "parte do *gênio da mentira*".

---

200 XIII, 11 (415).

Decerto o ataque desse texto é dirigido contra os ideais mais elevados, transformados aqui em mentiras necessárias à vida. Em seguida, porém, surge uma forma de realismo; pois o homem também é uma parte de natureza ou de realidade ou de verdade, ou, se quisermos, uma parte da realidade enganosa. Eis o que é mais instrutivo: o fato de que ele também é atravessado pela mentira artística que excita toda a natureza vivente. Não somente toda cultura é um efeito da arte, o resultado de uma vontade de transfiguração, incluindo a moral, a religião e a metafísica, mas tem esse poder fabulador, transfigurador, tudo o que concerne ao mundo do vir a ser, todos os seres que devêm, todas as "porções de natureza" (que, conforme lembra Nietzsche, ao inverter o sentido dos termos, são a única realidade e verdade). Esse poder concerne à vida, a toda vida organizada, a cada parte de natureza e, mais amplamente, à natureza por inteiro.

Qual é o sentido desse texto? O antirrealismo vital necessário à vida (não reconhecer o vir a ser que, no entanto, é a "única realidade") constitui o ponto de partida. Porém, começamos também a pressentir que a vida absorta nesse real enganador – em vez de se proteger dele por meio de ficções – pode fazer irromper nela um poder mais amplo, uma capacidade de assumir esse vir a ser sem razão. Nesse texto, há um realismo do vir a ser que se insinua e sobre o qual já havíamos notado que se afastava de toda verdade e toda realidade em si. Acaso não é isso que Nietzsche mostra quando afirma que somos uma *porção de natureza*? O que isso significa senão que nosso corpo se encontra ancorado no mundo, que somos fragmentos *deste* mundo, fragmentos do vir a ser, "porção de natureza e de realidade", segmento de real impermanente e enganador que muda incessantemente? Enquanto viventes, como todos os outros seres, deparamo-nos com uma impermanência radical – nós a experimentamos, a excitamos em nós, em nosso corpo, segundo o *quantum* de poder que nos atravessa, transformamo-la em nossa possibilidade ou nossa impossibilidade.

Retomemos esses dois momentos. Se na vida, desde o início, tudo é arte, é nesse primeiro sentido que nenhuma confiança da vida em si mesma pode ser alcançada sem transformação, sem transfiguração do vir a ser. "A vida deve inspirar confiança." Ela é essencialmente confiança, certeza de si. Acaso não é próprio da força da arte fazer-nos compreender que, na vida, o "caráter da existência é *desconhecido*", necessariamente desconhecido; e que toda crença, mesmo a mais elevada (em Deus, no amor...), ainda nos remete a essa necessidade, a essa mentira, a uma "sedução da vida" e a nada mais? A vida como sedução, "a mentira como poder". Não há outra verdade a não ser a força de nossos valores, a não ser a força de nossas criações, por meio das quais reforçamos nossa *crença na vida*. Nesse fragmento, é a força artística, solidária com a vida, que se opõe diretamente a toda apropriação do vir a ser. É por isso que, como viventes, não podemos escapar à expressão da atividade transfiguradora naquilo que chamamos de realidade. Para um vivente, toda realidade, todo sentimento de realidade exprime uma força artística: "A arte e nada além da arte. Ela é a grande possibilitadora da vida, a grande sedutora que incita à vida, o grande estimulador para viver".[201] E essa mentira faz parte de um mundo enganador, absolutamente enganador – ela faz parte "do caráter terrível da existência".

Chega um momento, porém, em que a confiança na vida, a força vital imersa nesse vir a ser, é forte o bastante para não precisar mais esconder que essa mentira é "o mundo verdadeiro", que o mundo "sedutor" é o "mundo verdadeiro". Chega o momento em que a vida é forte o bastante para criar sem a necessidade de se dissimular sob a verdade do ser. O que então distingue as fabulações e as mentiras úteis à vida – as mentiras da cultura, pelas quais a vida crê em si mesma – daquilo que Nietzsche chama de o pessimismo da força, senão precisamente uma diferença na própria força artística, na força vital, ou o fato de que – para voltar ao início desse fragmento – a força artística agora assume a mentira sem a dissimular sob a verdade, pois o "único mundo", que se engolfa em seu caráter absurdo e ilógico, falso e contraditório, para ela não é mais uma justificativa de fraqueza ou de temor? Tal traço de força, em muitos textos, é elevado à categoria de pedra de toque do *pessimismo da força*. É nesse ponto que o pessimismo inverte radicalmente o anterior. Em vez de apresentar-se como resignação perante o mundo mau, ou resignação do sentido perante o mundo, esse pessimismo assume os "lados negados da existência", os mais obscuros, os mais terríveis, os mais inaceitáveis, os mais

---

201 XIII, 11 (415); XIV, 17 (3).

monstruosos: ele mede seu vigor e sua força artística por sua capacidade de lidar com *o pior*, o mais enganador.

"Quanta 'verdade' suporta e ousa um espírito?" Questão de sua força; tal pessimismo poderia desembocar naquela forma de um *dizer sim dionisíaco ao mundo* tal como ele é: até o desejo de seu absoluto retorno e eternidade: com o que seria dado um novo *ideal de filosofia e de sensibilidade.* Compreender os lados negados da existência não só como necessários, mas também como desejáveis.[202]

O pessimismo da força é esse "dizer sim dionisíaco ao *mundo tal como ele é".* Vemos o que se passa na história da verdade quando ela se transforma em mundo sem verdade. A verdadeira questão é saber se a capacidade de afirmar um *mundo sem verdade* não será então o único critério para uma nova força criadora da vida. É impossível dissociar a questão do vir a ser – que cada vivente experiencia incessantemente, como caos que se lhe impõe – da força vital que o atravessa. É impossível não perceber que a negação da verdade, de toda verdade, e a afirmação do mundo tal como ele é (apresentado como "verdadeiro", mundo do vir a ser) funcionam conjuntamente *do ponto de vista de certo regime de vida;* pois a vida participa do vir a ser e, em dado momento, ela é capaz de o assumir sem velar o sentido de sua atividade, sem refúgio na segurança do ser.

Aceitar o mundo tal como ele é, para um vivente, é aceitar que a realidade seja não verdade, sempre cambiante, impermanente – é

---

202 XIII, 10 (3).

aceitar, no fundo, em vez do ser, o vir a ser sempre movente, sempre prestes a ser retomado num ato criativo, esse vir a ser no qual toda vida se encontra imersa. Para alcançarmos essa força enganadora de vida que circula na natureza, precisamos, por um momento, evadir-nos de nossa vida paralisada, ultrapassar seus esquemas, seu mundo fechado, sua necessidade de segurança, sua paz almejada. Anteriormente, essa era a questão de *Aurora*, a questão que determinava um futuro para a humanidade, a questão da *paixão do conhecimento*, de um conhecimento que não se contenta mais com ilusões fortes e tranquilizantes, que deseja o conhecimento do vir a ser como tal, mesmo que com isso a humanidade pereça. Que vida poderá *incorporar* essa paixão do conhecimento?

> O conhecimento, em nós, se transformou *em uma paixão* que não se desencoraja perante nenhum sacrifício e, no fundo, nada teme, a não ser nossa própria extinção; *nós acreditamos sinceramente que, submetida à opressão e às dores dessa paixão, a humanidade inteira deveria se sentir mais nobre e mais confiante do que antes*, quando ela ainda não havia superado sua inveja desse bem-estar grosseiro que acompanha a barbárie. *Quiçá a humanidade venha mesmo a perecer por causa dessa paixão do conhecimento?*[203]

Quanta *verdade suporta um espírito*, ou seja, de que desapego ele é capaz diante da falsa verdade das filosofias e das ficções necessárias à vida? Até onde vai sua paixão do conhecimento – sua psicologia do conhecimento?

---

203 IV, *Aurore*, §429.

Em outro fragmento, Nietzsche substitui o problema da mentira à vida pelo problema do mal, concebido como indeterminação para a vida, como indeterminação no mundo. O problema continua sendo o mesmo. Qual espírito é capaz de aceitar que o mal (para o conhecimento, ou seja, o não verdadeiro, o vir a ser, incerto, arriscado, imprevisível) seja a própria natureza das coisas? – indaga esse outro fragmento.[204] Pois o mal não é principalmente moral: ele é físico, cosmológico, absoluta imprevisibilidade. Vemos que é um mal para a vida não poder prever, estar à mercê de acontecimentos repentinos, irrefreáveis, perigosos. Qual espírito está em condições de perceber que a história da cultura foi a longa história das mentiras, de fabulações e de falsificações *contra esse mal*, e que a história da verdade nada mais foi do que isso, essa mesma história? Qual espírito está em condições de interrogar-se sobre o que foi a cultura, a finalidade da cultura? Ou de perguntar-se se o mais essencial de seus fins sempre foi trazer um remédio para o *mal*, um remédio contra "o acaso, o incerto, o repentino"? Se todo o seu esforço consistiu em nos oferecer uma proteção contra o mal, em fazer "a guerra contra o mal"?[205] Nietzsche observa que a religião primitiva não tinha essa função, ela não buscava domesticar o mal: pretendia responder ao temor do mal mediante a "submissão ao mal"! – seja personificando-o, para com ele poder estabelecer um pacto, seja atribuindo ao

---

204 XIII, 10 (21).
205 XIII, 10 (21).

mal um sentido oculto (boas intenções do acaso e do incerto), ou uma justiça oculta (merecemos o mal). O que muda com a cultura moderna em comparação com a religião primitiva é a rejeição do mal, o esconjuro do mal por todos os meios científicos e culturais.

O fato de Nietzsche esboçar essa curta história da nossa relação com o mal só tem sentido para atribuir ao pessimismo da força esse caráter totalmente novo, a aceitação do mal, a busca do mal, a valoração do mal; e, portanto, do acaso, do incerto, do repentino, como direção completamente oposta à vontade de verdade. Ser capaz de se desembaraçar da verdade a tal ponto que se esteja em condições de aceitar um mundo totalmente desprovido de continuidade, de lógica, um mundo falso, contraditório, incerto, arriscado, imprevisível, em suma, um mundo *mau* – tal é a prova da força mais elevada, do mais elevado poder de criar.

> De agora em diante, o homem não precisa mais de uma "justificação do mal", ele tem precisamente horror a "justificar": ele se deleita com o mal *puro*, *cru*, ele considera que o mal absurdo é o mal mais interessante. Se outrora ele precisou de um Deus, agora *o encanta uma desordem universal sem Deus*, um mundo do acaso em que o terrível, o ambíguo e a sedução fazem parte da essência.[206]

O pessimismo da força consuma a transformação absoluta da vontade de verdade em desordem universal em verdade, a transformação absoluta da necessidade da verdade em encantamento por um mundo absurdo. Não mais necessidade de

---

206 XIII, 10 (21).

justificar o mal mediante morais ou teodiceias: é preciso aprender a se deleitar com o mal. Porventura não é a intensificação de uma nova força vital que engendra essa necessidade de substituir Deus, de substituir a laboriosa justificação do mal pelo "mundo do acaso", pela sedução tornada essência?[207] O mundo do acaso é o mundo da vontade de poder, estrondo de forças sem causa e sem objetivo.[208]

Afinal, é a própria vida que, com o pessimismo da força, rompe seu entrave; é ela que afirma sua força criadora ao mesmo tempo que consente com a ausência total de sentido, de ordem, de beleza, de bondade, de finalidade, de razão no mundo: consentimento e *amor fati*. Em vez de Deus, uma "desordem universal sem Deus"; em vez da justificação, uma justiça imanente. Grande momento da aquiescência *ao mundo tal como ele é – desordem/vir a ser/mentira/mal (em relação à verdade)*. Esse pessimismo da força que *redunda em uma teodiceia* é o signo de uma força vital agora capaz de suportar o mundo sem nenhum desvio e de aceitar um mundo sem Deus e sem verdade: "assentimento absoluto dado ao mundo", "assentimento à concepção deste mundo *como o ideal alcançado possivelmente da maneira mais elevada*".[209]

Em toda leitura de fragmentos póstumos, o mais difícil é pôr-se em acordo com a habilidade de Nietzsche em fazer cada

---

207 Sobre a sedução tornada essência, ver o poema de Paul Valéry intitulado *Ébauche d'un serpent* ["Esboço de uma serpente"].

208 IX, 24 (28).

209 XIII, 10 (21).

descobre uma contradição entre ele e esse mundo idealizado, humanizado. Esse mundo "onde até então tínhamos a sensação de *estar em casa* com nossas venerações – em virtude das quais, talvez, *suportávamos* viver", eis que ele se revela não ser mais do que "nós mesmos". Compreendemos que este mundo familiar inteiramente humanizado não existe em si, que ele era apenas *nosso* mundo humano, de tal modo que a desconfiança se desloca do *mundo existente* – agora sem ideal humano – para nós mesmos, para o *sentido* de nós mesmos.[211] Desesperado do mundo, o homem compreende que desespera de si mesmo. A negação ideal da Terra pelo homem engendrou o duplo desprezo para com a Terra e para com o homem.

Acaso não era esse o sentido do pessimismo de Platão, daquele enunciado que Nietzsche sublinha na *República*, transformando-o no objeto de um dos últimos aforismos de *Humano, demasiado humano*? Ao ouvir os sinos de Gênova, que ressoam – no próprio filósofo – com infinita melancolia, como a lembrança fúnebre da passagem efêmera de todas as coisas, Nietzsche também se lembra da frase de Platão: "Recordei-me das palavras de Platão, sentindo-as de repente em meu coração: *Nada do que é humano é digno de grande seriedade. Ainda assim...*".[212] Nesse contexto, precisar-se-ia

---

211 Ibid., §346.
212 *Humain, trop humain*, III, §628. Ver a bela interpretação de Paolo d'Iorio sobre o sentido desse aforismo e do "ainda assim", em *Le Voyage de Nietzsche à Sorrente: Genèse de la philosophie de l'esprit libre*, p.188-208. Ver também Platão, *République*. Trad. L. Robin. Paris: Pléiade, X, 604; tradução alternativa:

de muito tempo para exprimir o sentido da locução "ainda assim". Pouco a pouco, o pessimismo da força e a inocência do vir a ser (expressão que só aparece em 1883) virão consumar essa intuição e, enfim, atribuir um sentido filosófico a tal "ainda assim". Aparentemente, o niilismo prevalece: nada do que é humano e terrestre é digno de seriedade, tudo está atrelado ao ciclo da morte. *Ainda assim.* Ainda assim, aquele que, sem ideal antropomórfico, sem negatividade, encontra a força de celebrar a Terra vivente, rompe a engrenagem do pessimismo – transforma o círculo de morte em círculo de vida, a redoma do niilismo em redoma azulada, o desespero de estar no mundo em serenidade celeste, o "tudo é vaidade" em bênção do único mundo. *Único mundo,* única Terra que o eterno retorno celebra eternamente. Do *humano demasiado humano* ao pessimismo da força, a mesma intuição fundamental anima o pensamento nietzschiano – é ela que constitui o objeto da escrita aflitiva dos cadernos sobre a *Vontade de poder;* é ela que adquire aqui um sentido filosófico: há somente um mundo terrestre, apenas ele deve ser celebrado.

A Terra não pode ser julgada

Anunciava Zaratustra: "Outrora, blasfemar contra Deus era a pior das blasfêmias; mas Deus morreu e com ele morreram

---

"Dans les choses humaines, il n'y en a pas qui vaille beaucoup d'intérêt" ["Nas coisas humanas, não há nada que valha muito a pena"].

os blasfemadores. Doravante o crime mais horrível é blasfemar contra a Terra e dar mais importância às entranhas do insondável do que ao sentido da Terra".[213]

Sobrevém o grande acontecimento: é a hora em que o homem compreende que o mundo não tem fim, nem objetivo, nem sentido; é o momento em que a Terra encontra justificação em si mesma, nova Terra para o sobre-humano, infinita extensão da vida. Entretanto, não se trata de uma teologia sem deuses, de uma teologia da Terra, da divinização da Terra (Gaia, diríamos hoje), pois a Terra é a imanência sem deuses que tem sua própria dimensão epifânica.

Nos fragmentos póstumos de 1887-1888, essa nova centralidade da Terra é expressa como "único mundo". Vimos que Nietzsche invoca incansavelmente esse único mundo, sem sol ideal, sem horizonte metafísico. Porém, tal intuição data de um período bem anterior. Paolo d'Iorio evidenciou a importância da viagem a Sorrento na evolução do pensamento de Nietzsche, e o lugar da reminiscência da leitura do livro *A conduta da vida*, de Ralph Waldo Ermerson, na redação de passagens de *Humano, demasiado humano* e de *Zaratustra*. A redoma azulada que envolve a Terra, na qual acreditávamos quando éramos crianças, esse céu protetor e familiar de que falava Emerson, designará, nesse momento – no período de *Humano, demasiado humano* –, o único mundo da Terra, como explica Paolo d'Iorio:

---

213 VI, *Ainsi parlait Zarathoustra*, Prologue, §3.

A redoma celeste da imanência nos tranquiliza e nos devolve a serenidade de *quem sabe que não existe nada fora do nosso mundo terrestre*: nenhum Deus, nenhuma dimensão metafísica, nenhuma vontade de viver schopenhaueriana; e que, no vir a ser, não se manifestam em direção a um fim último nem a providência cristã, nem a racionalidade hegeliana, nem uma tendência moral e biológica, como avançavam, pelo contrário, aqueles que eram considerados os maiores filósofos da época: Eduard von Hartmann, Eugen Dühring e Herbert Spencer. A doutrina do eterno retorno equivale a uma bênção do mundo, pois não há dimensão metafísica ou teológica; logo, a existência readquire todo o seu valor.[214]

Não existe nada fora da Terra. Ainda assim, a existência não é desvalorizada por conta disso; ela recupera uma força solar que o idealismo, o pessimismo, o niilismo e o cristianismo dissimulavam. A afirmação de que só existe um único mundo – um mundo terrestre – tem inúmeras consequências filosóficas, dentre as quais a primeira e principal é que a Terra não pode *ser julgada, a existência não pode ser julgada*. Nenhum juízo final se aplica à Terra, nenhuma escatologia. Nenhum apocalipse ou revelação alguma lhe diz respeito. A Terra não pode ser avaliada, pois ela não é da ordem de um juízo, de uma revelação ou de uma justiça que lhe seriam exteriores: ela é a sua única justificação. Desembaraçada de toda transcendência exterior, de toda evolução, de toda "consciência global", de toda vontade, de todo fim, ao contrário do que dizem muitos filósofos em voga na época de Nietzsche, a Terra se mostra *inavaliável, injustificável*:

---

214 Paolo d'Iorio, *Le Voyage de Nietzsche à Sorrente*, op. cit., p.200-1.

> Busco uma concepção do mundo que faça justiça a este fato: deve-se explicar o vir a ser sem que seja necessário recorrer a *esse tipo de interpretações finalistas*. É preciso que o vir a ser apareça justificado a todo momento (ou *inavaliável*, o que dá no mesmo): o presente não deve ser absolutamente justificado em razão de um futuro, ou o passado em razão do presente.[215]

Qual ser pertencente à Terra poderia avaliá-la por completo? Como julgar o que nos constitui integralmente? Em várias ocasiões, Nietzsche expõe esse poderoso pensamento. Participamos de um mundo, nele estamos inseridos pelo nosso corpo, pela nossa vida; estamos imersos em um mundo do qual somos apenas um fragmento, uma parte. Qualquer que seja a forma sob a qual essa ideia reapareça – "fragmentos de natureza", "partes do todo", parcelas da onda de forças, "*quanta* de poder", "fragmentos de fatalidade" –, ela afirma a indissociabilidade entre cada ser e todos os seres, entre cada instante e todos os instantes passados e futuros. Afirmar cada parcela do mundo é afirmar o mundo por completo. É impossível se desprender dessa relação inclusiva que, afinal de contas, justifica o fato de que Nietzsche continue falando de "mundo". Mundo assume aqui o sentido da solidariedade dos seres, da onda de força que atravessa todas as coisas. Se nós mesmos somos apenas essa onda, como poderíamos criticar esse mundo de força do qual somos a expressão? Toda crítica é também sua expressão. Até a negação a exprime, até o niilismo é ainda uma "forma de vontade de poder", lembra Nietzsche, como vida declinante

---

215 XIII, 11 (72).

e enfraquecida. É nesse sentido que a Terra à qual pertencemos, seja qual for o nome que lhe atribuamos – mundo, Terra, natureza – não é avaliável em si mesma:[216] pois é impossível nos situarmos fora dela, julgá-la do exterior, dela obter uma visão total, um olhar divino:

> *Avaliar o próprio ser*: mas o fato de avaliar é ainda esse ser – e, ao dizer não, continuamos sempre fazendo o que *nós somos*... É preciso reconhecer o absurdo dessa simulação que julga a existência.[217]

Toda vez que julgamos, é ainda a força julgada que se exprime; toda vez que edificamos céus ideais, é ainda em relação à Terra que o fazemos. Nietzsche estabelece aqui algo fundamental: a Terra – base do direito romano – não é objeto do direito; a Terra – base dos juízos filosóficos ou teológicos – não pode ser julgada. Pois ela é a imanência na qual estamos presos sem possibilidade de recuo. Ninguém pode dizer o que a Terra deve ser, nem ter a pretensão de saber o que ela deveria ser: toda posição moral, teológica e metafísica remete-nos à imanência que a torna possível, todo fragmento de mundo revive a luta das forças que o torna possível, não há *nenhuma saída* do único mundo.

É no *Crepúsculo dos ídolos* que Nietzsche expõe seu pensamento mais profundo e nos diz que, em conformidade com o único mundo, encontra-se uma *única* doutrina possível.

---

216 XIII, 11 (72).
217 XIII, 11 (96).

É absurdo querer empurrar o seu ser essencial para uma finalidade remota. Fomos nós que inventamos a noção de "fim"; na realidade, *falta o fim*. Cada qual é necessário, cada qual é um fragmento de fatalidade, cada qual faz parte do todo, está inserido nesse todo – não há nada que possa julgar, pesar, comparar, condenar nosso ser, pois isso significaria julgar, pesar, comparar, condenar o todo... Mas, *fora do todo, não há nada*.[218]

No meio desse texto reaparece o mesmo sintagma repetido com tanta frequência: "fomos nós que inventamos" a noção de fim – nós que introduzimos a finalidade na realidade. Invertemos a ordem das coisas: consideramos como causa ou fim (livre, psicológico, voluntário, cósmico) o que era apenas um efeito, um efeito de força; esquecendo que a existência não tem nenhuma causa, que ela não obedece a nenhum fim, que tudo resulta necessariamente da força da Terra. A única necessidade é aquela do próprio acaso: somos fragmentos de fatalidade. Não há como encontrar algo cuja existência possa ser justificada de outra forma senão por sua inserção na Terra ou por sua imersão no campo das forças que o constitui. Nada é guiado por ideais; os ideais não passam de sintomas de força ou de fraqueza. Não há nenhuma responsabilidade no vir a ser, tampouco algo que se assemelhe a um direito fundamental.

É preciso ser "imoralista" o suficiente para compreender isso.[219] A responsabilidade foi inventada para sujeitar a Terra ao direito teológico ou estatal, para tornar culpado e conde-

---

218 VIII, *Crépuscule des idoles*, "Les quatre grandes erreurs", §8.
219 VIII, *Le Crépuscule des idoles*, "Les quatre grandes erreurs", §7; §8.

nável aquele que age, para submeter toda criatura terrestre a uma "ordem moral universal" ou a um Deus universal. A Terra foi a colônia das religiões e dos impérios.[220] Religiões e impérios construíram seu poderio ensombrando a Terra, espalhando sobre a Terra as sombras de Deus, da má consciência, da dívida infinita (religiosa e imperial: "a marcha em direção aos impérios universais também é sempre uma marcha em direção aos deuses universais"), mas é um poder maior que os derruba, aquele que cresce da própria Terra, de uma vontade de poder mais soberana. Na história humana, os ideais que "difamam o mundo" foram instrumentos de dominação e servidão, à custa de sacrifícios imensos e, sobretudo, do sacrifício da realidade, de uma luta impiedosa contra a Terra e a vida. A teologia não só construiu uma "ordem moral universal", mas também envenenou "a psicologia, a história, a natureza, as sanções e as instituições sociais" com sua teoria da responsabilidade, com sua vontade de "julgar e punir". O homem do futuro – que Nietzsche espera – libertará a Terra de seus ideais, do niilismo que os acompanha, do julgamento e da punição, "ele restituirá à Terra seu objetivo e ao homem sua esperança", ele será ao mesmo tempo "esse anticristo e esse antiniilista".[221]

---

220 VII, *La Généalogie de la morale*, Deuxième dissertation, §17. Sobre o aparecimento do "Estado na Terra": "O mais antigo Estado foi uma pavorosa tirania e uma impiedosa máquina opressora, até que tal matéria-prima, o povo, os semianimais, acabou não apenas se tornando maleável e dócil, mas também adquirindo uma *forma*".

221 VII, *La Généalogie de la morale*, Deuxième dissertation, §20; §24.

No final dessa caminhada cujo eixo principal são os cadernos sobre a vontade de poder, é significativo que Nietzsche continue apoiando suas conclusões na noção de mundo. No mesmo texto do *Crepúsculo dos ídolos*, Nietzsche conclui:

> O fato de que ninguém mais é considerado responsável, de que o modo do ser não pode ser remontado a uma *causa prima*, de que o mundo não é uma unidade, nem enquanto *sensorium*, nem enquanto "espírito": *somente isso é a grande libertação* – somente por meio disso a inocência do vir a ser é *restaurada*... Até agora, o conceito de Deus foi a principal *objeção* contra a existência... Nós negamos Deus; nós negamos a responsabilidade em Deus – somente assim *salvamos o mundo*.[222]

A nova ambição da filosofia não é mais explicar nem justificar nem fundar o mundo, mas salvá-lo. O que significa salvar o mundo, senão impedir o seu desaparecimento, seu desvanecimento, sua negação sem fim? Assim que o mundo se escora em uma transcendência, ele está perdido. Logo, é preciso pensar este mundo sem nenhum princípio que o faria perder sua força própria, sem unidade (como vimos, o uno o reduz a *nada*), sem Deus, sem responsabilidade de uma causa primeira, sem evolução em direção a um fim, sem ideal e sem objetivo. Somente tal pensamento do mundo lhe restitui sua força criadora, que não é governada por nada, ela é em si mesma irresponsável, imoral, ilógica, em uma palavra – inocente. Nietzsche não abandonará a vontade de revelar o esplendor do real sem justificação.

---

222 VIII, *Le Crépuscule des idoles*, "Les quatre grandes erreurs", §8.

A leitura dos *Ensaios* de Emerson foi a intuição primordial, como indica Paolo d'Iorio. Nietzsche havia lido essa passagem de Emerson que menciona aqueles dias luminosos em que os "corpos celestes e a terra formam uma única harmonia", em que o "mundo alcança a perfeição", como no fim de uma bela tarde de verão. Disso Zaratustra fará eco: "Silêncio! Silêncio! Acaso o mundo não acaba de se tornar perfeito? Então o que se passa comigo? [...] Ó, felicidade! Ó, felicidade! Queres cantar, minha alma?".[223] "Eternidade repentina", dirá Zaratustra, o mundo *convertido* em perfeição! No final do livro bastante trágico de William Styron, *A escolha de Sofia*, o protagonista, que acaba de perder seus amigos, observa o dia nascer e, nesse momento, é atravessado por uma fulguração idêntica: "Não era o dia do Juízo Final – somente uma manhã. Uma manhã admirável e harmoniosa".[224] Esse sentimento de uma perfeição fugaz do mundo, qualquer que seja a tragédia do mundo, não é estranho a Nietzsche.

Salvar o mundo: eis, em todo caso, um projeto incontestavelmente realista! Todas as falsas realidades do "em si" são ídolos, mas o mundo existente decerto existe: é o mundo *real* de que fala Nietzsche, o *único* mundo que ele invoca incessantemente, o mundo que se justifica por si. Devemos agora responder a

---

223 VI, *Ainsi Parlait Zarathoustra*, IV, "Midi". Sobre a relação dessa experiência e do *Zaratustra* com os *Ensaios* de Emerson, ver Paolo d'Iorio, *Le Voyage de Nietzsche à Sorrente*, op. cit., p.202-3.

224 William Styron, *Le Choix de Sophie*.

esta pergunta que formulamos muitas vezes: qual é o estatuto deste mundo real?

Será preciso fazer uma distinção entre esse mundo real (Terra) e a vontade de poder? Será que, por um lado, temos o mundo real e, por outro, a interpretação do real? Esse equívoco reaparece em todos os textos de Nietzsche: mundo real, ou interpretação do mundo sem nenhum real? A vontade de poder pensa o mundo real ou ela é apenas uma interpretação? Mundo real e interpretação não se opõem? Vimos que a maior parte dos textos de Nietzsche oscila entre interpretação e realismo do único mundo. Onde se situar, então? Como saber se Nietzsche nos propõe uma nova concepção de mundo – tal como, por vezes, ele afirma –, ou se ele nos pede que voltemos ao *"único mundo"*, à Terra, como acabamos de ver? A maior parte dos comentários dificilmente escapa a essa encruzilhada, como se a filosofia de Nietzsche estivesse contida numa equação impossível: interpretar o mundo = celebrar a Terra como único mundo. Não são raras as ocasiões em que, em um único fragmento, esses dois aspectos, que parecem antitéticos, se encontram unidos: criação e bênção.

> Redução dos filósofos mediante a aniquilação do mundo do ente: período intermediário do niilismo: antes que esteja presente uma força *capaz de transformar os valores e de divinizar, de abençoar o deveniente, o mundo aparente como único mundo.*[225]

---

225 XIII, 9 (60).

Aqui, com efeito, a força criadora é apenas *aceitação* do vir a ser como único mundo ou ela é *criação de uma interpretação* do mundo como vir a ser, capacidade de transformar os valores? Encontramos a mesma tensão que evocávamos no âmbito do realismo: acaso há um "mundo existente" ou o mundo está por ser criado? E, para a vontade de poder, acaso o mundo é vontade de poder ou é preciso criar o mundo como vontade de poder? O mundo é vazio de sentido ou essa é a interpretação que convém àqueles que têm a força de criar um sentido?

> O grau da *força da vontade* se mede pelo limite até onde se pode prescindir do sentido nas coisas, pelo limite até onde se tolera viver *em um mundo desprovido de sentido*, pois *um pequeno fragmento dele se organiza por si.*[226]

Com efeito, quisemos mostrar aqui amplamente que é impossível separar as duas ramificações da alternativa, pois elas estão ligadas pela *própria vida*. É a vida que torna impossível a separação entre interpretação e mundo real. Examinamos suficientemente a insistência de Nietzsche sobre o mundo real ou único mundo. Como viventes, estamos imersos neste único mundo real que é o vir a ser; não se trata de uma interpretação, mas da própria experiência da vida que dele se protege, ou que por ele é subjugada. Captar esse mundo real é o que já fazem os *sentidos* de todo vivente. Pertencemos ao mundo, somos fragmentos de natureza – Nietzsche o repete com frequência. Aí se encontra sua ancoragem realista:

---

226 XIII, 9 (60).

> Pertencemos ao caráter do mundo, sobre isso não há dúvida nenhuma! Não temos acesso a ele senão por meio de nós mesmos: tudo o que há de elevado ou baixo em nós deve ser entendido como necessariamente pertencente à sua essência.[227]

Essa imbricação de si mesmo com o mundo é decisiva. Ela é o centro de gravidade da filosofia de Nietzsche. A direção do método é aqui claramente exposta. Como parte do mundo, o caráter do mundo está em nós, assim como ele está em todo lugar. Nós só temos *acesso ao mundo por meio de nós mesmos*, por meio de nosso corpo, nossa vida. Isso quer dizer que o mundo se encontra fechado para nós, inacessível? Não é isso o que diz Nietzsche. O mundo é acessível por meio de nós mesmos, não em si, pois o vir a ser não tem um "em si". O mundo-devir permaneceu até então fechado para a vida que buscava se proteger. Porém, uma enorme paixão do conhecimento nos leva a ele e nos faz compreender que aquilo que está em nós é também um caráter do mundo, que aquilo que está em nós também está fora de nós, por toda parte. Lembremo-nos da hipótese da vontade de poder, que segue este trajeto: ela parte da vida – parcela do mundo –, depois se estende ao mundo, conferindo assim o mesmo sentido a todos os fenômenos (inorgânico, orgânico, psíquico, civilização) sem recorrer a princípios metafísicos:

---

227 XII, 1 (89).

> Considerar uma fórmula abreviada da *tendência global* o que toda vida mostra: daí uma nova determinação do conceito de vida como vontade de poder.[228]

Essa hipótese parte da nossa ancoragem vital, depois se estende ao mundo; evidencia uma tendência global na vida, depois abarca o mundo do vir a ser. Como quer que seja, a vida como ponto de partida – o fato de estarmos vivos – é irrefutável. Nesse caso, o "mundo" não pode estar dissociado daquilo que se mostra na vida. É uma questão de método: o que se mostra em cada ser do mundo pertence ao mundo e o que pertence ao mundo se mostra em cada ser do mundo. Assim, a vontade de poder não é pensável na vida sem que a vida, por sua vez, também se torne "um caso da vontade de poder", do mundo atravessado pela vontade de poder. É a lição da imanência: tudo é exterior e interior ao mesmo tempo: o peixe não está no mar sem que o mar esteja nele, o pássaro não está no ar sem que o ar não esteja nele, o modo não está na substância sem que a substância esteja nele (Spinoza).[229]

Interpretar o mundo como *vontade de poder, pessimismo da força, inocência do vir a ser* é um ato indissociável dessa ancoragem vital. É por isso que essa interpretação depende também de certo regime de vida, como Nietzsche afirma incessantemente. Nem todos os viventes são capazes disso, nem todos

---

228 XII, 7 (54). E §6 e §36 de *Par-delà Bien et mal.*

229 Sobre essa relação de imersão, ver Deleuze; Guattari, *Qu'est-ce que la philosophie?*; e sobre essa mesma relação aplicada às ligações dos viventes com as plantas, ver Emmanuelle Coccia, *La Vie des plantes, une métaphysique du mélange.*

estão em condições de aceitar que o mundo terrestre é o único mundo. A história da humanidade não foi capaz de realizar tal feito em razão do niilismo dominante. A interpretação do mundo terrestre como vontade de poder torna-se possível devido a uma nova força vital e, em contrapartida, essa força vital se intensifica e se propaga por meio dessa interpretação. Não há interpretação que não emane de uma força vital, que não expresse um sentido da Terra. É impossível furtar-se a essa imanência. A vontade de poder confere um sentido ao mundo, *mas esse sentido é indissociável de uma força vital que se estende e se desenvolve*. No auge dessa força vital, a interpretação da vontade de poder é capaz de opor seu mundo ao mundo da vontade de verdade, à vontade de morte.

Esse vínculo e esse pertencimento ao mundo são tão importantes, tão sustentados, que seria ridículo fazer dos conceitos de Nietzsche uma simples interpretação apartada de toda inserção corporal ou de toda imersão num fluxo que nos envolve. Ao insistir sobre a posição central ocupada pelo "único mundo", quisemos lembrar esse gesto capital de ancoragem em uma Terra imanente. Para salvar o mundo, é preciso libertá-lo da antiterra, das forças niilistas, ou seja, interpretá-lo a partir de uma experiência aberta, não se limitar às projeções antropomórficas e à insensatez humana que apequenam a Terra, atribuindo-lhe mesmo uma aparência vazia. Mas o que produz essa metamorfose é menos um ato de vontade do que o efeito de uma força da própria vida. Definitivamente, é impossível pensar e viver a Terra sem deixar *emergir em nós* o sentido da Terra. Não percorremos uma Terra imóvel, a Terra é móvel em nós mesmos; ou seja, na obra de Nietzsche, nenhum sentido é dado: participa-se dele à medida que ele é criado. Quando a hipótese da vontade de poder desenvolve esse pujante sentimento de pertencimento a uma Terra que é a onda de força que atravessa todos os seres, ela não é mais de modo nenhum um juízo sobre a Terra: trata-se de se reconciliar com o sentido da Terra que jamais pessoa alguma pode ultrapassar ou exceder, mas apenas deixar emergir em si mesma.

De outra forma não se compreenderia o que Nietzsche quer dizer quando ele fala de sua relação com a natureza, quando ele evoca o progresso da civilização como naturalização. Não se trata – diz ele – de voltar a uma natureza selvagem, já dada. Não há retorno à natureza,[230] nem a uma humanidade natural (contrariamente ao que pensa Rousseau), nem ao mundo, nem à Terra, como entidades ou mandamentos, tábuas da lei ancestrais. Todo retorno é uma ascensão, a ascensão da Terra é a ativação – em nós mesmos – da força que a anima.

> Não [um] "retorno à natureza": pois jamais houve humanidade natural [...]. O homem só chega à natureza após um *longo combate*; ele jamais "retorna".[231]

É um grave equívoco, portanto, considerar a filosofia de Nietzsche um retorno a uma natureza dada ou a um mundo dado.

---

230 XIII, 9 (116).
231 XIII, 10 (53).

Seu realismo não é desse tipo, não é um naturalismo, nem uma mitologia da origem. Muito pelo contrário: Nietzsche reitera energicamente a afirmação segundo a qual um desenvolvimento do conhecimento e da civilização é necessário para que se torne possível o surgimento dessas novas forças mais aptas a se alimentar da energia do mundo, da natureza ou da Terra. Acaso não se vê realizar-se, em suas reflexões, por toda parte, o combate de forças vitais que aspiram a se libertar do entrave da verdade, dotadas de uma nova paixão do conhecimento, o combate contra todas as forças niilistas que ensombram a Terra, o combate contra o naturalismo que é tudo, menos um pensamento da natureza? É por isso que um "contramovimento" é necessário a partir do niilismo: ele pressupõe o niilismo, procede dele, de sua história, de sua lógica, para melhor invertê-lo.[232] "Naturalizar o homem", como sugeria *A gaia ciência*: compreendemos mais claramente o sentido de tal projeto. Nietzsche não tem a ambição de nos afundar novamente na natureza do naturalismo ou em uma natureza arcaica e primordial. Antes, naturalizar é libertar no homem o sentido da Terra, nele deixar emergir essa nova paixão, esse novo conhecimento, essa nova energia, esse sentimento de um esplendor, de uma epifania da Terra que, a traços largos, apaga todas as negações, toda a história humana da negação da Terra.[233] Ao final da caminhada por esses fragmentos, doravante o campo está livre

---

232 XIII, 11 (411).
233 V, *Le Gai Savoir*, §109.

para o ataque decisivo contra a constelação formada por esta antiterra: o cristianismo.[234]

O uso insistente do conceito de mundo revela desafios muito distintos, cuja trama quisemos desenrolar aqui. Mundos animais, mundos metafísicos, mundos idealistas, mundos pessimistas, negações niilistas do mundo, único mundo, mundo tal como ele é, mundo do vir a ser... As múltiplas utilizações do mesmo termo acabaram desorientando o leitor. O que se entende por mundo? Uma representação, uma concepção, uma realidade? Antes de tudo, digamos que um mundo, qualquer que seja o nível em que o situemos, não é uma representação, mas uma expressão de forças, uma forma de manifestação

---

234 Sobre a extrema importância do *Anticristo*, após o projeto sobre a vontade de poder, conferir Yannick Souladié, *Présentation de l'Antichrist* (obra a ser publicada). Vemos aí como a interpretação de Nietzsche choca-se invariavelmente com esse texto, em vez de considerá-lo seriamente, separando-o do movimento de pensamento que leva a ele. Ora, o projeto sobre a vontade de poder encontra-se de fato abandonado em proveito de uma *Transvaloração de todos os valores* que, em várias ocasiões, Nietzsche afirma estar inteiramente realizada em *O Anticristo, Ecce Homo, O caso Wagner, Crepúsculo dos ídolos*. É evidente, como sustenta Yannick Souladié, que "os estudos nietzschianos ainda não venceram a sombra da vontade de poder", apresentada muitas vezes como obra maldita e misteriosa, falha, porém definitiva, inacabada, mas termo do pensamento nietzschiano. Ao passo que Nietzsche considera – de modo inequívoco e com frequência – que seu pensamento encontrou seu acabamento num corpo de textos decisivos que preconizam uma nova Terra contra a negação da Terra, da vida e do mundo. É justamente diante dessa negação do mundo resumida pelo cristianismo em dogmática, espécie de precipitado moral e anticosmológico de toda a história do pensamento ocidental, que Nietzsche trava seu derradeiro combate filosófico.

NIETZSCHE – O MUNDO DA TERRA

da força vital. Contudo, por trás de qualquer manifestação de força e de valores, há o *único* mundo real, a própria Terra, inavaliável, imanência radical, plano de força, que os textos de Nietzsche assinalam sem cessar como "único mundo", "mundo real", "natureza", "mundo da vontade de poder". Nietzsche é o primeiro pensador de uma Terra que porta sua própria luz, que tem sua própria consistência, sua própria força; é por isso que ele também foi o pensador mais lúcido da catástrofe que atinge a Terra. A Terra, quando submetida ao império dos ideais humanos, teológicos, políticos, metafísicos, é absorvida pela sombra antiterra dos niilismos – funesta constelação. Nada pior pode nos ocorrer do que chegarmos a perder "o sentido da Terra". Atualmente, pensamos em meio a essa catástrofe. E, sem dúvida, o próprio Nietzsche não poderia imaginar que, com uma força tão flagrante, o futuro testemunharia a profundidade de seu pensamento – ele, que terá percebido num grau extraordinário o furor dos ideais antropomórficos (teológicos, econômicos, técnicos...) contra a Terra, e os necessários combates que tal situação nos impõe por toda parte.

Referências bibliográficas

DARWIN, Charles. *L'Origine des espèces*. Trad. Thierry Hoquet. Paris: Seuil, 2013. [Ed. bras.: *A origem das espécies por meio de seleção natural, ou A preservação das raças favorecidas na luta pela vida*. Organização, apresentação e tradução Pedro Paulo Pimenta. São Paulo: Ubu Editora, 2018.]

DELEUZE, Gilles; GANDILLAC, Maurice (orgs.). *Friedrich Nietzsche – Œuvres philosophiques complètes*. Paris: Gallimard, 1977.

DELEUZE, Gilles; GUATTARI, Félix. *Qu'est-ce que la philosophie?* Paris: Éditions de Minuit, 1991. [Ed. bras.: *O que é a filosofia?* Trad. Bento Prado Jr. e Alberto Alonso Muñoz. São Paulo: Editora 34, 2010.]

DESPRET, Vinciane; GALETIC, Stéphan. "Faire de Henry James un 'lecteur anachronique' de Jacob von Uexküll: esquisse d'un perspectivisme radical". In: DEBAISE, Didier (org.). *Vie et expérimentation: Peirce, James, Dewey*. Paris: Vrin, 2007, p.45-76.

D'IORIO, Paolo. *Le Voyage de Nietzsche à Sorrente* – Genèse de la philosophie de l'esprit libre. Paris: CNRS Éditions, 2012. [Ed. bras.: *Nietzsche na Itália: a viagem que mudou os rumos da filosofia*. Trad. Joana Angélica d'Avila Melo. 1.ed. Rio de Janeiro: Zahar, 2014.]

DOSTOIÉVSKI, Fiódor. *Les Démons (Les Possédés)*. Trad. Boris de Schloezer; pref. Marthe Robert. Paris: Gallimard, 1997. [Ed. bras.: *Os demônios*. Trad. Paulo Bezerra; ilustr. Claudio Mubarac. 6.ed. São Paulo: Editora 34, 2018.]

EMERSON, Ralph Waldo. *La Conduite de la vie*. Trad. Marie Dugard. Paris: Paris: Archives Karéline, 2009. [Ed. bras.: *A conduta da vida*. Trad. Juliana Amato. Campinas: Editora Auster, 2019.]

HEIDEGGER, Martin. "Le Mot de Nietzsche, 'Dieu est mort'". In: *Chemins qui ne mènent nulle part*. Trad. W. Brokmeier. Paris: Gallimard, 1986. [Ed. bras.: "A sentença nietzschiana 'Deus está morto'". *Natureza Humana*, n.5, v.2, jul.- -dez. 2003, p.471-526, trad. e notas Marco Casanova.]

HUSSERL, Edmund. *La Crise des sciences européennes et la phénoménologie transcendantale*. Trad. G. Granel. Paris: Gallimard, 1976. [Ed. bras.: *A crise das ciências europeias e a fenomenologia transcendental: uma introdução à filosofia fenomenológica*. Walter Biemel (Ed.). Trad. Diogo Falcão Ferrer. 1.ed. Rio de Janeiro: Forense, 2012.]

JACOBI, Friedrich Heinrich. *Lettre sur le nihilism et autres textes*. Apr. e trad. Ives Radrizzani Paris: Flammarion, 2009.

JAMES, William. *Le Pragmatisme*. Trad. N. Ferron. Paris: Flammarion, 2011. [Ed. bras.: *Pragmatismo e outros textos*. Trad. Jorge Caetano da Silva e Pablo Rubén Mariconda. São Paulo: Abril Cultural, 1979.]

JONAS, Hans. *Le Phénomène de la vie: vers une biologie philosophique*. Trad. D. Lories. Bruxelas: De Boeck Université, 2001. [Ed. bras.: *O princípio vida: fundamentos para uma biologia filosófica*. Trad. Carlos Almeida Pereira. Petrópolis: Vozes, 2004.]

KANT, Immanuel. *La Critique de la faculté de juger*. Trad. A. Philonenko. Paris: Vrin, 1965. [Ed. bras.: *Crítica da faculdade do juízo*. Trad. Valério Rohden e António Marques. Rio de Janeiro: Forense Universitária, 2012.]

LANGE, Friedrich-Albert. *Histoire du matérialisme et critique de son importance à notre époque*. Trad. B. Pommerol. Paris: Coda, 2005.

LE BOT, Jean-Michel. "Renouveler le regard sur les mondes animaux, de Jacob von Uexküll à Jean Gagnepain". *Tétralogiques*, n.21, mar. 2016, p.195-218.

LEIBNIZ, Gottfried Wilhelm. *Essais de théodicée*. Paris: Flammarion, 1969. [Ed. bras.: *Ensaios de teodiceia sobre a bondade de Deus, a liberdade do homem e a origem do mal.* Trad., intro. e notas William de Siqueira Piauí e Juliana Cecci Silva. São Paulo: Estação Liberdade, 2015.]

LORENZ, Konrad. *L'Homme dans le fleuve du vivant.* Trad. J. Etoré. Paris: Flammarion, 1981.

MONTINARI, Mazzino. *La Volonté de puissance n'existe pas.* Paris: L'Éclat, 1998.

MÜLLER-LAUTER, Wolfgang. *Physiologie de la Volonté de puissance.* Trad. J. Champeaux. Paris: Allia, 1998. [Ed. bras.: *A doutrina da vontade de poder em Nietzsche.* Trad. Oswaldo Giacoia Junior; apr. Scarlett Marton. São Paulo: Annablume, 1997.]

NIETZSCHE, Friedrich. *Correspondance: juin 1850-avril 1869.* t.I. Paris: Gallimard, 1986. [Ed. bras.: "Duas cartas de Nietzsche a Franz Overbeck". *Estudos Nietzsche,* Curitiba, v.1, n.1, jan.-jun. 2010, p.227-32, trad. e notas Ernani Chaves.]

_____. *Œuvres philosophiques complètes.* t.IV. *Aurore: pensées sur les préjugés moraux suivi de Fragments posthumes (début 1880-printemps 1881).* Trad. Julien Hervier. Paris: Gallimard, 1970. [Ed. bras.: *Aurora: reflexões sobre os preconceitos morais.* Trad., notas e posfácio Paulo César de Souza. São Paulo: Companhia das Letras, 2004.]

_____. *Œuvres philosophiques complètes.* t.VI. *Ainsi Parlait Zarathoustra: un livre qui est pour tous et qui n'est pour personne.* Trad. Maurice de Gandillac. Paris: Gallimard, 1971. [Ed. bras.: *Assim falou Zaratustra: um livro para todos e para ninguém.* Trad., notas e posfácio Paulo César de Souza. 1.ed. São Paulo: Companhia de Bolso, 2018.]

_____. *Œuvres philosophiques complètes.* t.VII. *Par-delà Bien et mal; La Généalogie de la morale.* Trad. Jean Gratien, Cornélius Heim e Isabelle Hildenbrand. Paris: Gallimard, 1971. [Ed. bras.: *Além do bem e do mal: prelúdio a uma filosofia do futuro.* Trad., notas e posfácio Paulo César de Souza. São Paulo: Companhia das Letras, 2005; *Genealogia da moral: uma polêmica.* Trad., notas e posfácio Paulo César de Souza. São Paulo: Companhia das Letras, 2009.]

Pierre Montebello

_____. *Œuvres philosophiques complètes*. t.VIII/1. *Le Cas Wagner; Crépuscule des idoles; L'Antéchrist; Ecce Homo; Nietzsche contre Wagner*. Trad. Jean-Claude Hémery. Paris: Gallimard, 1974. [Ed. bras.: *O caso Wagner: um problema para músicos; Nietzsche contra Wagner: dossiê de um psicólogo*. Trad., notas e posfácio Paulo César de Souza. São Paulo: Companhia de Bolso, 2016; *Crepúsculo dos ídolos, ou Como se filosofa com o martelo*. Trad., notas e posfácio Paulo César de Souza. São Paulo: Companhia das Letras, 2006; *O Anticristo: maldição ao cristianismo; Ditirambos de Dionísio*. Trad., notas e posfácio Paulo César de Souza. São Paulo: Companhia das Letras, 2016.]

_____. *Œuvres philosophiques complètes*. t. XIII. *Fragments posthumes (automne 1887-mar. 1888)*. Trad. Henri-Alexis Baatsch e Pierre Klossowski. Paris: Gallimard, 1976. [Ed. bras.: *Fragmentos póstumos: 1885-1887*. v.VI. Trad. Marco Antônio Casanova. Rio de Janeiro: Forense Universitária, 2013; *Fragmentos póstumos: 1887-1889*. v.VII. Trad. Marco Antônio Casanova. Rio de Janeiro: Forense Universitária, 2012.]

_____. *Œuvres philosophiques complètes*. I/2. *Écrits posthumes (1870-1873): Sur l'avenir de nos établissements d'enseignement; La Philosophie à l'époque tragique des Grecs; Vérité et mensonge au sens extra-moral*. Trad. Jean-Louis Backès, Michel Haar e Marc de Launay. Paris: Gallimard, 1976. [Ed. bras.: *Sobre verdade e mentira no sentido extramoral*. In: NIETZSCHE, Friedrich. *Obras incompletas*. Seleção e ensaio de Gérard Lebrun; trad. e notas de Rubens Rodrigues Torres Filho; prefácio e revisão técnica de Márcio Suzuki; posfácio de Antônio Cândido. São Paulo: Editora 34, 2019, p.61-70.]

_____. *Œuvres philosophiques complètes*. t.XIV. *Fragments posthumes (début-1888-début janvier 1889)*. Trad. Jean-Claude Hémery. Paris: Gallimard, 1977. [Ed. bras.: *Fragmentos póstumos: 1887-1889*. v.VII. Trad. Marco Antônio Casanova. Rio de Janeiro: Forense Universitária, 2012.]

_____. *Œuvres philosophiques complètes*. t.I/1. *La Naissance de la tragédie, suivi de Fragments posthumes (automne 1869-printemps 1872)*. Trad. Michel Haar, Philippe Lacoue-Labarthe e Jean-Luc Nancy. Paris: Gallimard, 1977. [Ed.

bras.: *O nascimento da tragédia ou Helenismo e pessimismo*. Trad., notas e posfácio J. Guinsburg. São Paulo: Companhia das Letras, 2007.]

_____. *Œuvres philosophiques complètes*. t.XII. *Fragments posthumes (automne 1885-automne 1887)*. Trad. Julien Hervier. Paris: Gallimard, 1979. [Ed. bras.: *Fragmentos póstumos: 1885-1887*. v.VI. Trad. Marco Antônio Casanova. Rio de Janeiro: Forense Universitária, 2013.]

_____. *Œuvres philosophiques complètes*. t.V. *Le Gai Savoir, suivi de Fragments posthumes (été 1881-été 1882)*. Trad. Pierre Klossowski. Ed. rev., corrigida e comentada por Marc B. de Launay. Paris: Gallimard, 1982. [Ed. bras.: *A gaia ciência*. Trad., notas e posfácio Paulo César de Souza. São Paulo: Companhia das Letras, 2012.]

_____. *Œuvres philosophiques complètes*. t.X. *Fragments posthumes (printemps-automne 1884)*. Trad. Jean Launay. Paris: Gallimard, 1982. [Ed. bras.: *Fragmentos póstumos: 1884-1885*. v.V. Trad. Marco Antônio Casanova. Rio de Janeiro: Forense Universitária, 2015.]

_____. *Œuvres philosophiques complètes*. t.XI. *Fragments posthumes (automne-1884-automne 1885)*. Trad. Michel Haar e Marc de Launay. Paris: Gallimard, 1982. [Ed. bras.: *Fragmentos póstumos: 1884-1885*. v.V. Trad. Marco Antônio Casanova. Rio de Janeiro: Forense Universitária, 2015.]

_____. *Œuvres philosophiques complètes*. t.III/1. *Humain, trop humain. Un livre pour esprits libres suivi de Fragments posthumes (1876-1878)*. Trad. Robert Rovini. Paris: Gallimard, 1988. [Ed. bras.: *Humano, demasiado humano: um livro para espíritos livres*. Trad., notas e posfácio Paulo César de Souza. São Paulo: Companhia das Letras, 2005.]

_____. *Œuvres philosophiques complètes*. t.IX. *Fragments posthumes (été 1882-printemps 1884)*. Trad. Anne-Sophie Astrup e Marc de Launay. Paris: Gallimard, 1997. [Ed. bras.: *Fragmentos póstumos: 1884-1885*. v.V. Trad. Marco Antônio Casanova. Rio de Janeiro: Forense Universitária, 2015.]

PLOTINO. *Ennéades* [De la contemplation, III, 8, 10]. Trad. E. Bréhier. Paris: Les Belles Lettres, 1981. [Ed. bras.: *Enéada III. 8 (30) – Sobre a natureza, a contemplação e o Uno. Intro., trad. e comentários José Carlos Baracat Júnior. Campinas: Editora Unicamp, 2008.]

PLOTINO. *Ennéades* [Contre les gnostiques, II, 9]. Paris: Les Belles Lettres, 1964, p.111-38. [Ed. bras.: *Enéadas – Segunda Enéada*. Intro., trad. e notas José Rodrigues Seabra Filho e Juvino Alves Maia Junior. Belo Horizonte: Nova Acrópole, 2015.]

RAVAISSON, Félix. *Essai sur la métaphysique d'Aristote*. Paris: Vrin, 1937.

SCHOPENHAUER, Arthur. *Le Monde comme volonté et comme représentation*. Trad. A. Burdeau. Paris: PUF, 1966. [Ed. bras.: *O mundo como vontade e como representação*. t.II. Trad., apresentação, notas e índices de Jair Barboza. São Paulo: Editora Unesp, 2015.]

STYRON, William. *Le Choix de Sophie*. Trad. Maurice Rambaud. Paris: Gallimard, 1995. [Ed. bras.: *A escolha de Sofia*. Trad. Vera Neves Pedroso. São Paulo: Geração Editorial, 2012.]

VALÉRY, Paul. *Œuvres*. v.3. "Sous la Direction de Hélène Terré". Paris: Éditions de la N.R.F., 1933. [Ed. bras.: CAMPOS, Augusto de. *Paul Valéry: a serpente e o pensar*. São Paulo: Brasiliense, 1984.]

VON UEXKÜLL, Jacob. *Milieu animal et milieu humain*. Trad. Martin-Fréville. Paris: Rivages, 2010. [Ed. port.: *Dos animais e dos homens: digressões pelos seus próprios mundos; Doutrina do Significado*. Trad. Alberto Candeias e Aníbal Garcia Pereira. Lisboa: Livros do Brasil, 1982.]

SOBRE O LIVRO

Formato: 13,7 x 21 cm
Mancha: 24,6 x 38,4 paicas
Tipologia: Adobe Jenson Regular 13/17
Papel: Offset 75 g/m² (miolo)
Cartão supremo 250 g/m² (capa)

1ª edição Editora Unesp: 2021

EQUIPE DE REALIZAÇÃO

Edição de texto
Richard Sanches (Copidesque)
Nathan Matos (Revisão)

Capa
Negrito Editorial

Editoração eletrônica
Sergio Gzeschnik

Assistência editorial
Alberto Bononi
Gabriel Joppert

Rua Xavier Curado, 388 • Ipiranga - SP • 04210 100
Tel.: (11) 2063 7000 • Fax: (11) 2061 8709
rettec@rettec.com.br • www.rettec.com.br